Anna Breitsameter
Sabine Glas-Peters
Elke Koch
Angela Pude

A 2.1

MENSCHEN HIER

Deutsch als Zweitsprache
Arbeitsbuch mit Audios online

Hueber Verlag

Fotoproduktion: Iciar Caso, Weßling
Fotograf: Florian Bachmeier, Schliersee

Die Audiodateien finden Sie in der *Hueber Media*-App
und unter: www.hueber.de/menschen-hier

4. 3. 2. | Die letzten Ziffern
2027 26 25 24 23 | bezeichnen Zahl und Jahr des Druckes.
Alle Drucke dieser Auflage können, da unverändert, nebeneinander benutzt werden.
1. Auflage

Umschlaggestaltung: Sieveking · Agentur für Kommunikation, München
Layout und Satz: Sieveking · Agentur für Kommunikation, München
Verlagsredaktion: Jutta Orth-Chambah, Marion Kerner, Nikolin Weindel, Hueber Verlag, München
Druck und Bindung: Westermann Druck Zwickau GmbH, Zwickau
Printed in Germany
ISBN 978-3-19-481902-3

Art. 530_29352_001_02

VORWORT

Das Arbeitsbuch *Menschen hier* dient dem selbstständigen Üben und Vertiefen des Lernstoffs im Kursbuch.

Aufbau einer Lektion:

Basistraining: Vertiefen und Üben von Grammatik, Wortschatz und Redemitteln. Es gibt eine Vielfalt von Übungstypen, u.a. Aufgaben zur Mehrsprachigkeit (Bewusstmachen von Gemeinsamkeiten und Unterschieden zum Englischen und/oder anderen Sprachen) und Aufgaben füreinander (gegenseitiges Erstellen von Aufgaben für die Lernpartnerin / den Lernpartner).

Training Hören, Lesen, Sprechen und Schreiben: Gezieltes Fertigkeitentraining, das unterschiedliche authentische Textsorten und Realien sowie interessante Schreib- und Sprechanlässe umfasst. Diese Abschnitte bereiten gezielt auf die Prüfungen vor und beinhalten Lernstrategien und Lerntipps.

Test: Möglichkeit für die Lernenden, den gelernten Stoff zu testen. Der Selbsttest besteht immer aus den drei Kategorien *Wörter*, *Strukturen* und *Kommunikation*. Je nach Testergebnis stehen im Internet unter *www.hueber.de/menschen-hier* vertiefende Übungen in drei verschiedenen Schwierigkeitsgraden zur Verfügung.

Lernwortschatz: Der aktiv zu lernende Wortschatz mit Tipps zum Vokabellernen.

Modulseiten:

Im Alltag, In der Familie, Im Beruf greifen die Lernziele des BAMF-Rahmencurriculums auf und bereiten auf die Prüfung *Deutsch-Test für Zuwanderer* vor. Die Themen orientieren sich an der Lebenswirklichkeit von Zuwanderern und ausländischen Beschäftigten.

Wiederholungsstation Wortschatz/Grammatik bietet Wiederholungsübungen zum gesamten Modul.

Training Aussprache übt systematisch Satzintonation, Satzakzent und Wortakzent sowie Einzellaute.

Selbsteinschätzung gibt die Möglichkeit, den Kenntnisstand selbst zu beurteilen.

Piktogramme und Symbole

Hörtext ▶ 1 02

Kursbuchverweis KB 3

Aufgaben zur Mehrsprachigkeit 

Aufgaben füreinander 

Lernstrategien und Lerntipps

TIPP Notieren Sie Gegensätze.

Regelkasten für Phonetik

REGEL Am Wort- und Silbenanfang spricht man „sch" und schreibt ______________.

Übungen in drei Schwierigkeitsgraden zu den Selbsttests und die Lösungen zu allen Aufgaben im Arbeitsbuch finden Sie im Internet unter *www.hueber.de/menschen-hier.*

INHALT

Mein Opa war auch schon Bäcker.

KB 3 WÖRTER

1 Wer ist das? Ordnen Sie zu.

Cousine | Nichte | ~~Tante~~ | Schwiegermutter | Schwiegertochter

a Die Schwester von meinem Vater ist meine Tante.
b Die Tochter von meiner Schwester ist meine ______.
c Die Tochter von meiner Tante ist meine ______.
d Die Mutter von meiner Frau ist meine ______.
e Die Frau von meinem Sohn ist meine ______.

KB 3

2 Schreiben Sie eigene Sätze wie in 1 und tauschen Sie mit Ihrer Partnerin / Ihrem Partner. Ihre Partnerin / Ihr Partner ergänzt.

KB 3 WÖRTER

3 Ergänzen Sie wie im Beispiel und vergleichen Sie.

Deutsch	Englisch	Meine Sprache oder andere Sprachen
Tante – Onkel	uncle	
Cousine –	cousin	
Nichte –	nephew	
Schwiegermutter –	father-in-law	

KB 3 STRUKTUREN

4 Possessivartikel im Nominativ

a Ordnen Sie zu. unser | ~~Ihre~~ | eure | ihr | Ihr

1 Sind das Ihre Schlüssel, Herr Wyss?
2 Wow. Habt ihr ein neues Auto? – Nein, das ist nicht ______ Auto.
3 Sind das ______ Fahrräder?
4 Ist das ______ Hund? – Nein, das ist ______ Hund.

STRUKTUREN ENTDECKEN

b Ergänzen Sie die Possessivartikel aus **a** und die fehlenden Formen in der Tabelle.

	● der Neffe	● das Enkelkind	● die Nichte	● die Schwiegereltern
ich	mein	mein	meine	meine
du	dein		deine	
er				
sie				
wir				
ihr				
sie				
Sie				Ihre

BASISTRAINING

KB 3 STRUKTUREN ENTDECKEN

5 Markieren Sie die Possessivartikel im Akkusativ und die Possessivartikel im Dativ. Ergänzen Sie dann die Tabelle.

Viele Grüße aus Dakar. Fast hätten wir unseren Flug (a) nicht mehr bekommen. Doch wir hatten Glück: Das Flugzeug war nicht pünktlich. Nur mit unseren Koffern (b) hatten wir Pech. Die sind leider nicht angekommen. Wir haben lange auf unser Gepäck (c) gewartet. Dann hat man uns am Flughafen gesagt: „Wir schicken Ihnen das Gepäck nach." Erst spät abends waren wir in unserem Hotel (d). Nach zwei Tagen haben wir unsere Koffer (e) und unsere Tasche (f) endlich bekommen und wir waren glücklich: „Nun fangen die Ferien richtig an."

	Akkusativ	Dativ
● (blau)	unseren	unserem
● (grün)		
● (rot)		unserer
● (gelb)		

KB 3 STRUKTUREN

6 Was ist richtig? Kreuzen Sie an.

a ■ Was willst du werden?
▲ Vielleicht Bäcker, genau wie ☒ mein ◯ meine ◯ meinem Vater und ◯ mein ◯ meine ◯ meinen Brüder.

b ■ Was ist denn ◯ unser ◯ euer ◯ eure Vater von Beruf?
▲ ◯ Unser ◯ Euer ◯ Sein Vater ist Busfahrer.
■ Möchtet ihr auch Busfahrer werden?
▲ Nein, ich finde ◯ sein ◯ ihren ◯ seinen Beruf langweilig. Man muss auch oft in der Nacht und am Wochenende arbeiten.
● Ja, das stimmt. Aber ◯ unser ◯ unsere ◯ unserer Tante ist Architektin. ◯ Ihr ◯ Sein ◯ Ihren Beruf finde ich toll.

c In unserer Familie gibt es viele Ärzte. Mein Opa und mein Vater finden ◯ ihren ◯ ihr ◯ unseren Beruf toll. Meine Schwester hat auch Medizin studiert, doch am Anfang war es nicht einfach für sie. Aber am Ende hat ◯ ihr ◯ ihre ◯ ihren Studium ihr gut gefallen. Und mit ◯ ihrem ◯ seinem ◯ ihren Job ist sie sehr zufrieden.

KB 5 WIEDERHOLUNG STRUKTUREN

7 Ergänzen Sie in der richtigen Form.

a Meine Schwester und ich haben als Kinder viel gestritten (streiten).

b Es gab ein Unwetter, aber wir ___ Glück (haben). Es ___ nichts ___ (passieren).

c Ich ___ dich ___ (rufen), aber du ___ mich leider nicht ___ (hören).

d Jan ___ mir ___ (sagen), Alina ___ ihre Prüfung ___ (bestehen).

e Letzte Woche ___ wir Xaver und Michelle ___ (besuchen). Sie ___ ___ (umziehen).

KB 6

8 Umfrage: Was habt ihr als Kinder oder Jugendliche am liebsten gemacht?

WÖRTER

a Ordnen Sie zu.

Bäume | ~~Geschichten~~ | draußen | Fußballbilder | Hobby | Mannschaft | Puppen | Sachen | Witze

1 Ich habe meiner Schwester immer *Geschichten* erzählt. Am liebsten über Könige und Prinzessinnen. Sie hat immer total gern zugehört.
2 Früher habe ich fast jeden Tag mit dem Nachbarjungen gespielt. Der hatte viele gute Ideen, war lustig und hat oft ______________ erzählt.
3 Ich war am liebsten im Wald und bin auf ______________ geklettert. Zum Glück ist nie etwas passiert. Manchmal habe ich auch mit meinen Freundinnen ______________ übernachtet. Dann haben wir aber nicht so viel geschlafen.
4 Ich hatte nur ein ______________: Fußball. Ich habe in einer ______________ gespielt. Da hatten wir am Wochenende oft Spiele. Und zur WM und EM haben wir natürlich immer ______________ gesammelt.
5 Als Kind habe ich gern mit ______________ gespielt. Und ich war gern auf dem Flohmarkt und habe ______________ verkauft.

WIEDERHOLUNG STRUKTUREN

b Markieren Sie die Verben im Perfekt in a und ergänzen Sie die Tabelle.

Typ *machen – gemacht* *fahren – gefahren*	Typ *anmachen – angemacht*	Typ *telefonieren – telefoniert*	Typ *erkennen – erkannt*
			übernachten – übernachtet

KB 8

9 Sortieren Sie.

KOMMUNIKATION

(1) Kolja, habe ich dir schon von meinem Cousin Fridolin erzählt? Also pass auf:

( ) Und weißt du, was dann passiert ist? Eines Morgens hat er allen erzählt: Ich verkaufe das Geschäft. Er hat aber nicht sofort einen Käufer gefunden.

( ) Zum Schluss hat er das Geschäft einfach geschlossen, ein paar Sachen gepackt und ist nach Alaska geflogen. Heute lebt er dort allein in den Wäldern und ist glücklich.

( ) Nach der Schule hat er zuerst eine Ausbildung als Friseur gemacht. Er war immer fleißig und hat schon mit 19 Jahren einen eigenen Friseursalon aufgemacht. Er hat viel Geld verdient und sein Geschäft ist schnell gewachsen.

KB 8

10 „Ihre" Tante Martha. Machen Sie Notizen und erzählen Sie zu zweit eine Geschichte.

SPRECHEN

1: früh heiraten, 18 Jahre
2: zwei Kinder bekommen
…

TRAINING: SCHREIBEN

1 Eine E-Mail beantworten

a **Lesen Sie Peters E-Mail an seinen Cousin und markieren Sie die Satzanfänge.**

Lieber Luis,
wie geht´s Dir? Ich bin zum Glück wieder gesund. Letzte Woche habe ich alte Fotos von unserem Großvater gefunden. Leider habe ich ihn nicht gut gekannt. Als Kind hast Du ihn doch oft besucht. Oder? Kannst Du mir ein bisschen von ihm erzählen? Das würde mich sehr interessieren.
Viele Grüße
Peter

b **Schreiben Sie eine E-Mail an Peter.**

- Schreiben Sie im Perfekt: Was hat der Großvater gemacht?
- Beginnen Sie die Sätze mit dem markierten Satzteil.
- Vergessen Sie die Anrede am Anfang und den Gruß am Ende nicht.

TIPP: Beginnen Sie nicht jeden Satz mit „Er/Sie …“. Variieren Sie die Satzanfänge. Beginnen Sie die Sätze zum Beispiel mit „Im Winter …“ oder „Früher …“.

unser Opa immer Witze erzählen – wir im Winter zusammen oft Spiele spielen – als junger Mann: er mit dem Fahrrad bis nach Italien fahren – er früher viel reisen – er mit 60 Jahren noch klettern – er uns Kinder oft in die Berge mitnehmen – er auch sehr gut zeichnen

________________ Peter,
danke für Deine E-Mail. Zum Glück bist Du wieder gesund. Mir geht es auch gut.
Du möchtest mehr von unserem Opa wissen. Also: ________________

____

Und weißt Du, was er als junger Mann gemacht hat? ________________

____

____

____

____

Ich habe noch ein Bild von ihm. Das muss ich Dir unbedingt mal zeigen.
Unser Opa war schon lustig. Besuch mich doch mal.

____

____

2 Was wissen Sie über Ihre Großmutter / Ihren Großvater? Machen Sie Notizen. Schreiben Sie dann eine E-Mail an eine Freundin / einen Freund.

Meine Großmutter:
- *ich nach der Schule oft zu ihr gehen*
- *sie immer viel mit mir singen*
- *sie fast jeden Tag Kuchen backen*
- *sie als junge Frau in einer Fabrik arbeiten*

Liebe Emilia,
gestern hatte meine Großmutter Geburtstag. Sie ist 85 Jahre alt geworden. Ich glaube, ich habe Dir noch nie von ihr erzählt. Also, …

TEST

1 Familie. Ergänzen Sie.

WÖRTER

a Cousin und Cousine
b ______________ und Nichte
c ______________ und Tante
d Schwiegervater und ______________

_ / 3 PUNKTE

2 Ordnen Sie zu.

gezeichnet | gespielt | gestritten | ~~geklettert~~ | erzählt

WÖRTER

■ Elena, wie war denn deine Geburtstagsparty?
▲ Nicht so toll! Ich habe Amelie und Theresa eingeladen. Wir waren bei meinen Großeltern, ihr Garten ist sehr groß. Am Anfang war es sehr lustig. Wir sind auf Bäume geklettert (a) und haben dort oben Witze ______________ (b). Dann aber haben Amelie und Theresa ______________ (c) und Amelie ist nach Hause gegangen. Theresa und ich haben zuerst eigene Comics ______________ (d) und dann ein paar Computerspiele ______________ (e).

_ / 4 PUNKTE

3 Ergänzen Sie das Perfekt oder das Präteritum in der richtigen Form.

STRUKTUREN

■ Amelie, was ist los?
▲ Ach, ich (a) war (sein) heute mit Theresa bei Elena. Sie hat ihren Geburtstag (b) ______________ (feiern). Zuerst haben wir Kuchen (c) ______________ (essen) und viel (d) ______________ (lachen). Dann hat Theresa lange mit Hannes (e) ______________ (telefonieren). Danach (f) ______________ (haben) sie schlechte Laune. Das habe ich nicht (g) ______________ (verstehen) und wir haben gestritten. Am Ende (h) ______________ (haben) ich keine Lust mehr auf Feiern.

_ / 7 PUNKTE

4 Ergänzen Sie die Possessivartikel.

STRUKTUREN

a Amelie und Theresa, was sind eure Lieblingswitze?
b Wir können gut zeichnen. ______________ Comics sind super.
c Oh, Melanie hat etwas vergessen, ______________ Puppen und Bücher liegen noch hier.
d Herr Kuhnert, Ihr Garten und ______________ Blumen sind wunderschön.

_ / 3 PUNKTE

5 Ordnen Sie zu.

KOMMUNIKATION

Später bin | Habe ich | Sie war | Dann habe | Und wisst | Also passt | Ich hatte

______________ (a) euch schon von früher erzählt?
______________ (b) auf: Meine Mutter hat immer gesagt, ich soll Lehrerin werden. ______________ (c) Lehrerin und mein Großvater war auch Lehrer.
______________ (d) aber keine Lust, das war nichts für mich. ______________ (e) ich studiert und als Journalistin gearbeitet. ______________ (f) ihr, was dann passiert ist? ______________ (g) ich noch einmal zur Uni gegangen – und jetzt bin ich auch Lehrerin!

_ / 7 PUNKTE

Wörter	Strukturen	Kommunikation
0–3 Punkte	0–5 Punkte	0–3 Punkte
4–5 Punkte	6–7 Punkte	4–5 Punkte
6–7 Punkte	8–10 Punkte	6–7 Punkte

www.hueber.de/menschen-hier

LERNWORTSCHATZ

1 Wie heißen die Wörter in Ihrer Sprache? Übersetzen Sie.

Familie

Cousin der, -s
Cousine die, -n
Neffe der, -n
Nichte die, -n
Onkel der, -
Tante die, -n
Schwieger-
(Schwiegervater/
-mutter/-sohn/
-tochter)

Kindheit und Jugend

Geschichte die, -n
Jugendliche
der/die, -n
Puppe die, -n
Sache die, -n
Spiel das, -e
Witz der, -e

klettern,
ist geklettert
sammeln,
hat gesammelt
streiten,
hat gestritten
übernachten,
hat übernachtet
verkaufen,
hat verkauft
zeichnen,
hat gezeichnet

verrückt
früher

Weitere wichtige Wörter

Anfang der, ¨-e
am Anfang
Ende das, -n
am Ende
Mannschaft die,
-en
Pfeffer der
Punkt der, -e
Satz der, ¨-e
Schluss der
zum Schluss
Studium das
Zigarette die, -n

auf·machen,
hat aufgemacht
auf·passen,
hat aufgepasst
klappen,
hat geklappt
passieren,
ist passiert
rufen,
hat gerufen
wachsen,
du wächst, er wächst,
ist gewachsen

einfach
fleißig
geschlossen
kompliziert

zuerst

TIPP

Lernen Sie Wortpaare (feminin und maskulin).

die Nichte – der Neffe

2 Welche Wörter möchten Sie noch lernen? Notieren Sie.

Wohin mit der Kommode?

KB 3 **1** **Welches Verb passt? Kreuzen Sie an.**

WÖRTER

	liegt	sitzt	steht	hängt	versteckt	
a Lara	○	⊗	○	○	○	im Auto immer vorn.
b Das Sofa	○	○	○	○	○	vor der Heizung.
c Die Mutter	○	○	○	○	○	das Geschenk unter dem Bett.
d Die Lampe	○	○	○	○	○	über dem Tisch.
e Das Kissen	○	○	○	○	○	auf dem Stuhl.

KB 3 **2** **Mein Zimmer. Ordnen Sie zu und ergänzen Sie den Artikel.**

WIEDERHOLUNG STRUKTUREN

in | in | an | auf | auf | über | vor | ~~zwischen~~ | neben

a Mein Tisch steht *zwischen der* ● Tür und ______ ● Fenster.
b Rechts __________ ______ ● Wand hängt ein Kalender.
c __________ ______ ● Tisch hängt ein Bild.
d Der Laptop steht __________ ______ ● Tisch.
e __________ ______ ● Zimmer gibt es auch ein Sofa.
f __________ ______ ● Sofa liegt ein Kissen.
g Rechts __________ ______ ● Sofa steht ein Schrank.
h __________ ______ ● Sofa liegt ein Teppich.
i Rechts __________ ______ ● Ecke steht ein Fernsehgerät.

KB 5 **3** **Lösen Sie das Rätsel.**

WÖRTER

			↓											
		1	S											H
	2	V						G						
3	R			M										
			V											
	4	H			T									
5	D					L								
	6	D				E								
		7	R				L							

Waagerecht →
1 Auf diesem Möbelstück stehen oft ein Computer und ein Telefon. Es steht oft im Büro.
2 Das hängt am Fenster.
3 Zimmer = …
4 Es ist aus Papier. Man braucht es zum Beispiel für die Hausaufgaben.
5 hell ↔ …
6 Sachen = …
7 In diesem Möbelstück stehen oft Bücher.

Senkrecht ↓:
Das bringt man aus dem Urlaub mit:

____

KB 5 **4** **Wohin?**

Strukturen entdecken

a Ordnen Sie zu und ergänzen Sie in der richtigen Form.

stellen | ~~legen~~ | legen | hängen

1 Ich lege die Zeitung auf die Couch.
2 Wir ________ das Geschirr in die Küchenschränke.
3 ________ du bitte den Bleistift neben das Papier?
4 Julia ________ die Lampe über den Tisch.

b Ergänzen Sie aus **a**.

	Wohin ?
● der	
● das	
● die	auf die Couch
● die	

KB 5 **5** **Ergänzen Sie die Präpositionen und die Artikel.**

Strukturen

a Leg doch bitte das Kissen auf die Couch ________ ____ anderen Kissen.
b Soll ich die Zeitungen ________ ____ Fernsehgerät legen?
c Kannst du die Hausschuhe ________ ____ Bett stellen?
d Ich stelle die Blumen ________ Fenster.
e Hier liegt ja immer noch das Bild von Tante Erika. Warum hängen wir es nicht ________ ____ Schreibtisch?
f Den Müll können wir erst mal ________ ____ Tür stellen.
g Stell den Koffer bitte ________ ____ Schrank.
h Die Handtücher kannst du ________ Bad hängen.

KB 5 **6** **Im Möbelhaus. Ergänzen Sie die Verben und die Artikel in der richtigen Form.**

Strukturen

stellen | stehen | ~~hängen~~ | hängen | liegen | legen

a ■ Das ist doch ein tolles Bild. Das können wir über das Sofa hängen.
▲ Aber bei uns ________ doch schon so viele Bilder über d____ Sofa.

b ■ Der Teppich ist schön und nicht mal teuer. Den ________ wir in____ Schlafzimmer.
▲ Aber vor d____ Bett ________ doch schon ein Teppich.

c ■ Sieh mal! Die Kommode hier ________ zwischen zwei Fenstern. Das sieht gut aus.
▲ Ja, hier schon. Aber in unser____ Wohnung können wir diese Kommode nicht zwischen d____ Fenster ________. Sie ist viel zu groß.

KB 6

7 Wo steht/liegt/hängt …? Wohin stellen/legen/hängen …?

Machen Sie fünf Kärtchen mit *Wo?* oder *Wohin?* und Dingen. Legen Sie die Kärtchen auf einen Stapel. Ziehen Sie ein Kärtchen und fragen Sie. Ihre Partnerin / Ihr Partner antwortet.

Wohin? Spiegel

Wo? Vorhang

▲ Wohin soll ich den Spiegel hängen?
■ Häng ihn in den Flur.
■ Wo hängt der Vorhang?
▲ …

KB 7 KOMMUNIKATION

8 In der neuen Wohnung. Ergänzen Sie die Tipps.

■ *Stell lieber nicht zu viele Möbel in das Zimmer. Sonst…*
____ .
(lieber nicht zu viele Möbel in das Zimmer stellen / sonst Raum noch kleiner werden)

■ ____
____ .
(einen Spiegel an Wand hängen / dann Raum größer aussehen)

■ ____ .
(vorsichtig sein mit dunklen Möbeln)

KB 8 ▶ 1 02-04 HÖREN

9 Nachrichten auf dem Anrufbeantworter

a Hören Sie. Was passt zu wem? Kreuzen Sie an.

Maria	Peter	Tina	
○	○	○	will ein Regal kaufen.
○	○	○	hat sein/ihr Handy vergessen.
○	○	○	will bald umziehen.

b Hören Sie noch einmal. Was soll der Freund/Kollege tun? Kreuzen Sie an.

Anruf 1:
Lars soll Maria helfen und Werkzeug mitbringen. Maria will am Wochenende ○ anrufen. ○ renovieren. ○ umziehen.

Anruf 2:
Der Freund soll ○ das Handy auf dem Regal in der Ecke suchen. ○ das Handy in den Flur legen. ○ morgen anrufen.

Anruf 3:
Tina meint ○ das Regal neben der Treppe. ○ das Regal hinten in der Ecke. ○ das Regal vor den Sofas.

TRAINING: LESEN

1 Sehen Sie die Infotafel an.

Was können Sie im Baumarkt bekommen? Kreuzen Sie an.

- ◯ Lebensmittel
- ◯ Reiseangebote
- ◯ alles für Garten, Haus und Wohnen

INFO

UNTERGESCHOSS

Werkzeug & Maschinen
Bauen und Renovieren: Wand, Boden, Fenster, Türen, Bad

ERDGESCHOSS

Garten: Gartengeräte, Gartenmöbel, Grills, Schwimmbäder, alles für Balkon & Terrasse
Haustiere: Futter & Pflege, Aquarien

1. STOCK

Wohnen und Schlafen: Möbel, Lampen & Leuchten, Ordnen & Aufbewahren
Küchenstudio: Küchenmöbel, Herde, Kühlschränke, kleine Küchengeräte

2. STOCK

Dekoration: Kissen, Vorhänge, Spiegel, Teppiche
Information & Service

2 Lesen Sie die Aufgaben und die Infotafel.

Sie suchen etwas. Wo finden Sie das? Markieren Sie die wichtigen Wörter und kreuzen Sie an.

1 Ihr Wohnzimmer ist zu dunkel. Sie möchten eine andere Farbe für die Wände.
- ☒ Untergeschoss: Bauen und Renovieren
- b 1. Stock: Wohnen und Schlafen
- c 2. Stock: Dekoration

2 Sie möchten einen Herd kaufen.
- a Untergeschoss: Bauen und Renovieren
- b 1. Stock: Wohnen und Schlafen
- c 1. Stock: Küchenstudio

3 Ihre Wohnung soll schöner und gemütlicher werden.
- a Untergeschoss: Werkzeug und Maschinen
- b 1. Stock: Küchenstudio
- c 2. Stock: Dekoration

4 Sie brauchen mehr Licht an Ihrem Schreibtisch.
- a 1. Stock: Wohnen und Schlafen
- b 2. Stock: Dekoration
- c 2. Stock: Information & Service

5 Es ist Frühling. Sie wollen Blumen für Ihren Balkon kaufen.
- a Untergeschoss: Bauen und Renovieren
- b Erdgeschoss: Garten
- c Erdgeschoss: Haustiere

6 Sie brauchen eine neue Dusche.
- a Untergeschoss: Bauen und Renovieren
- b Erdgeschoss: Garten
- c 2. Stock: Dekoration

TIPP

Sie verstehen nicht alle Wörter? Das ist kein Problem. Sie kennen zum Beispiel „Dekoration“ nicht. Der Kontext „Kissen, Vorhänge, Spiegel, Teppiche“ hilft.

TEST

WÖRTER

1 Markieren Sie und ordnen Sie zu.

KSOUVENIROFFASKKISSENUNKDOPFERVORHANGIMKILÖREGALDOKYHERDABURSPIEGEL MUSLAWWERKZEUGTUREWOSCHREIBTISCHAWURTOZ

a Hier kann man arbeiten: Schreibtisch
b Sie liegen auf dem Sofa: ___
c Dort kann ich mich sehen: ___
d Das bringt man aus dem Urlaub mit: ___
e Das hängt am Fenster: ___
f Hier kann man kochen: ___
g Dort stehen viele Bücher: ___
h Das braucht man zum Reparieren: ___

_ / 7 PUNKTE

STRUKTUREN

2 Herrn Fischers Büro. Was ist richtig? Kreuzen Sie an.

a Herr Fischer ☒ legt ○ liegt seine Tasche in ☒ die ○ der Ecke.
b Er ○ stellt ○ steht seinen Kaffee auf ○ den ○ dem Schreibtisch.
c Der neue Computer ○ steht ○ stellt auch auf ○ dem ○ der Schreibtisch.
d Die Rechnungen ○ liegen ○ legen neben ○ dem ○ den Drucker.
e Herr Fischer ○ stellt ○ steht seine Bücher ○ ins ○ in dem Regal.

_ / 8 PUNKTE

KOMMUNIKATION

3 Was schreibt LUCKYGIRLY? Ordnen Sie zu.

der Raum zu unordentlich | einen Teppich | einen Spiegel an die Wand | viele Bücher | eine Lampe auf den Tisch | helle Kissen auf das Sofa

Alesseij312: Hilfe! Mein Wohnzimmer ist so ungemütlich. Es ist sehr dunkel. Mein Sofa ist schwarz und das Regal ist braun. Leider habe ich nicht viel Geld. Wer hat Tipps für mich?

LUCKYGIRLY: Das ist nicht so schwer – auch mit wenig Geld! Du brauchst Licht und Farbe! Stell ___ (a). Das Licht ist wärmer als direktes Deckenlicht. Leg ___ (b), gut sind rote oder gelbe Kissen. Häng ___ (c), er macht den Raum größer und heller. Und ganz wichtig: Stell ___ (d) ins Regal. Aber pass auf mit zu vielen Souvenirs, sonst wird ___ (e). Leg auch ___ (f) auf den Boden. Ich bin sicher, es sieht nun viel gemütlicher aus.

_ / 6 PUNKTE

Wörter		Strukturen		Kommunikation	
🔴	0–3 Punkte	🔴	0–4 Punkte	🔴	0–3 Punkte
🟡	4–5 Punkte	🟡	5–6 Punkte	🟡	4 Punkte
🟢	6–7 Punkte	🟢	7–8 Punkte	🟢	5–6 Punkte

www.hueber.de/menschen-hier

LERNWORTSCHATZ

1 Wie heißen die Wörter in Ihrer Sprache? Übersetzen Sie.

Einrichtung und Umzug

Ding das, -e ________
Ecke die, -n ________
in der Ecke ________
Fernsehgerät das, -e ________
Gegenstand der, ¨-e ________
Herd der, -e ________
Kissen das, - ________
Raum der, ¨-e ________
Regal das, -e ________
Schreibtisch der, -e ________
Spiegel der, - ________
Tür die, -en ________
Vorhang der, ¨-e ________
Wand die, ¨-e ________
Werkzeug das, -e ________

einrichten, hat eingerichtet ________
hängen, hat gehängt / hat gehangen ________
legen, hat gelegt ________
liegen, hat gelegen ________
renovieren, hat renoviert ________
stehen, hat gestanden ________
stellen, hat gestellt ________

dunkel ________
hell ________

Weitere wichtige Wörter

Heft das, -e ________
Souvenir das, -s ________

diskutieren, hat diskutiert ________
verstecken, hat versteckt ________

schwer ________
vorsichtig ________
vorsichtig sein mit ________

sonst ________

Geräte
- der Herd
- der Kühlschrank
- das Fernsehgerät

Im Zimmer
- die Blume
- der Spiegel
- der Vorhang

TIPP
Notieren Sie Wörter in Gruppen.
Ergänzen Sie immer wieder.

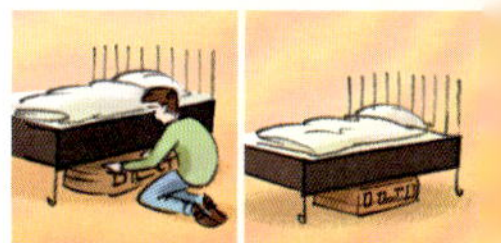

2 Welche Wörter möchten Sie noch lernen? Notieren Sie.

____
____
____

Hier finden Sie Ruhe und Erholung.

KB 3 **1 Nomen mit -*ung***

STRUKTUREN

a Bilden Sie Nomen. ~~wandern~~ | erfahren | anstrengen | beraten | anmelden | erholen

die Wanderung, ____________________

b Ordnen Sie die Wörter aus a zu.

1 Ich habe zurzeit bei der Arbeit viel Stress. Zur Erholung möchte ich nächstes Wochenende ans Meer fahren.
2 Ich war im Reisebüro. Aber ich habe fast keine Informationen bekommen. Die ____________ war wirklich nicht gut.
3 Eva arbeitet schon lange als Lehrerin. Sie hat in diesem Beruf viel ____________.
4 Komm, wir nehmen den Aufzug. Dann kommen wir ganz schnell und ohne ____________ nach oben.
5 Heute tun mir die Füße und die Beine weh. Denn ich war am Wochenende in den Bergen und habe eine ziemlich lange ____________ gemacht.
6 Hast du die ____________ für den Surfkurs schon ausgefüllt?

KB 3 **2 Ergänzen Sie die Verben oder Nomen mit Artikel.**

STRUKTUREN

Verben	Personen (Nomen)
fahren	der Fahrer
	der Wanderer
	! der Verkäufer
	der Berater
vermieten	

KB 4 **3 Versteckte Wörter**

WÖRTER

a Suchen Sie noch 12 Nomen.

die Wiese,

	A	B	C	D	E	F	G	H	I	J	K	L	M	N	O
1	U	U	F	I	R	D	D	W	W	P	P	H	U	N	D
2	Q	X	R	J	E	O	C	K	I	P	P	G	N	I	G
3	U	U	O	D	O	R	A	H	E	R	G	J	D	F	B
4	D	X	S	B	S	F	X	O	S	T	R	A	N	D	J
5	X	E	C	N	C	R	I	J	E	I	L	B	R	T	H
6	S	N	H	O	Q	F	E	O	Y	G	W	H	T	X	C
7	I	E	M	M	Q	D	B	A	M	E	E	N	H	F	F
8	M	B	L	U	M	E	L	Y	E	Q	F	J	B	J	K
9	M	E	K	D	H	V	C	X	T	T	B	A	U	M	X
10	K	R	J	X	K	D	U	C	N	K	H	Y	V	B	Y
11	O	G	K	F	L	U	S	S	B	A	F	E	O	V	D
12	E	Q	W	Q	X	W	B	G	Q	T	E	N	G	A	G
13	F	I	S	C	H	I	U	T	E	Z	Y	W	E	E	T
14	D	A	B	Q	A	P	Y	U	F	E	R	T	L	N	T

b Schreiben Sie die Nomen aus **a** mit Artikel in die Tabelle.

Landschaft	Pflanzen	Tiere
die Wiese		

KB 4 **4** **Kleinanzeigen. Ergänzen Sie.**

WÖRTER

(a)

Bella Italia Sie lieben Italien, seine Kultur und die Sprache? Sie wollen noch mehr über Italien lernen?

Dann fahren Sie mit uns in die Toskana. In einer kleinen G r u p p e (max. 10 Personen) lernen Sie schnell. Der U ___ t ___ r ___ i c ___ t b e ___ i ___ ___ t um 9.00 Uhr und e ___ d ___ ___ um 13.00 Uhr.

Nachmittags b ___ ___ t e n wir interessante Ausflüge ___ n. A ___ ß ___ r ___ e ___ können Sie auch bei unserem Italienisch-Kochkurs m ___ t m ___ c ___ en. Termine finden Sie online.

Unser A ___ g ___ b ___ t im Oktober: Sprachkurs mit Übernachtung und F ___ h ___ t (Bus)
1 Woche nur 987,- Euro

(b)

Frau (65 Jahre) s _ o _ tl _ _ h und a _ t _ v sucht Reisepartner / -partnerin (60 +). Reist du gern? Bist du offen für fremde K _ lt _ r _ n? Zusammen können wir viel e _ l e _ e _. (0 82 51/26 307 899)

(c)

Suchen Sie R ___ h ___ und Erholung an der frischen ___ u ___ t? Bei uns finden Sie schöne Wanderwege. Toureninfos und Wander-k ___ r ___ ___ ___ bekommen Sie bei der Touristeninfo.

(d)

S T _ P _!

HIER GIBT ES BIO-OBST UND GEMÜSE DI ___ E ___ T VOM BAUERNHOF! GESUND, GÜNSTIG UND GUT.

THOMAS GRÜN | WALDSTRASSE 27

(e)

Top- ___ o ___ e aus Mailand, Paris und London

Unser besonderer S ___ r ___ i ___ e: ein Einkaufsberater nur für Sie!

(f)

Sie möchten mal a _ d _ _ _ s Urlaub machen: Übernachten Sie im Baumhaushotel.
4 Personen schon ab 198 Euro

KB 4 **5** **Hören Sie die Gespräche.**

▶ 1 05-06

HÖREN

a Was passt am besten? Kreuzen Sie an.

Gespräch 1:
○ Wanderung in den Bergen ○ Erholung in den Bergen ○ Arbeit auf einem Bauernhof

Gespräch 2:
○ Radtour nach Italien ○ Städtereise nach Verona ○ Strandurlaub am See

b Hören Sie die Gespräche noch einmal. Kreuzen Sie an.

Gespräch 1:	richtig	falsch
1 Leo hat mit Tieren gearbeitet.	○	○
2 Die Landschaft hat Leo nicht gefallen.	○	○
3 Leo ist gewandert.	○	○
4 Leo ist jeden Tag früh aufgestanden.	○	○
Gespräch 2:		
5 Eva meint, mit dem Fahrrad erlebt man alles ganz anders.	○	○
6 Die Tour hat in Verona begonnen.	○	○
7 Eva ist mit einer Reisegruppe gefahren.	○	○
8 Eva hat mit ihren Freunden am Strand übernachtet.	○	○

KB 6

6 Urlaubswünsche. Schreiben Sie die Sätze. Beginnen Sie mit dem markierten Wort.

WIEDERHOLUNG STRUKTUREN

a würden – **ich** – machen – gern – einen Surfkurs – .
b gern mal – du – machen – **würden** – Urlaub auf dem Bauernhof – ?
c buchen – Sie – **welche Reise** – würden – am liebsten – ?
d liegen – den ganzen Tag – **ihr** – würden – am liebsten – in der Sonne – .

Ich würde gern einen Surfkurs machen.

KB 6

7 Was würden Sie gern im Urlaub machen?

Machen Sie eine Übung wie in 6. Tauschen Sie mit Ihrer Partnerin / Ihrem Partner. Ihre Partnerin / Ihr Partner schreibt die Sätze.

KB 6

8 Ordnen Sie zu.

KOMMUNIKATION

sind gerade in | liegen E-Bikes gerade im Trend | die Idee funktioniert | ich fahre lieber | ~~ich würde am liebsten~~ | gefällt mir überhaupt nicht | ich glaube schon

■ Ich habe eine Geschäftsidee: Wir bieten Stadttouren für Touristen an.
▲ Die Idee ist nicht schlecht. Aber *ich würde am liebsten* (a) Touren mit E-Bikes anbieten.
■ Was sind denn E-Bikes?
▲ Das sind Fahrräder mit Motor.
■ Echt? Also, ______________________ (b) mit einem Fahrrad ohne Motor. Die Idee mit den E-Bikes ______________________ (c). Die sind doch nur für alte Leute.
▲ Das stimmt nicht. Außerdem ______________________ (d).
■ Was?! Elektrofahrräder ______________________ (e)? Glaubst du wirklich, ______________________ (f)?
▲ Ja, ______________________ (g).

TRAINING: SPRECHEN

1 Sie wollen mit dem Deutschkurs einen Ausflug machen.
Auf dem Blatt stehen Ideen. Sammeln Sie weitere Ideen und ergänzen Sie: Warum finden Sie eine Idee gut? Warum nicht?

AUSFLUG MIT DEM DEUTSCHKURS
Was:
- an einen See fahren
- eine Fahrradtour machen
- in eine andere Stadt fahren
- …

See:
schwimmen, in der Sonne liegen

Fahrradtour:
nicht teuer
Haben alle ein Fahrrad?

Stadt:
etwas Neues sehen
teuer

TIPP: Überlegen Sie vor dem Sprechen: Warum ist Ihre Idee gut? Machen Sie Notizen. Dann wird das Sprechen leichter.

2 Sprechen Sie zu dritt über die Ideen in 1. Stellen Sie auch Ihre eigenen Ideen vor.
Entscheiden Sie sich gemeinsam für einen Ausflug.

Ich würde gern / am liebsten … Da kann man …
Also, ich denke/finde/mag …
Mir gefällt die Idee (nicht so) gut. Denn …
Mir gefällt die Idee auch sehr gut. Aber …
Echt/Wirklich? Ich würde lieber …
Ja, ich glaube/finde/meine auch, die Idee ist am besten. Wir machen also …
Genau! Das machen wir.

Ich würde am liebsten einen Ausflug an einen See machen. Da kann man schwimmen und in der Sonne liegen.

Mir gefällt die Idee auch sehr gut. Aber vielleicht ist das Wetter schlecht. Was machen wir dann?

Ach was! Der Wetterbericht sagt, es bleibt sonnig. Ich finde auch, die Idee ist am besten. Wir fahren also an den See, ja?

Genau! Das machen wir!

3 Diskutieren Sie zu dritt und notieren Sie: Wann wollen Sie den Ausflug machen?
Was brauchen Sie? Was müssen Sie vorbereiten? Wer macht was?

Was?	Ausflug nach/zu …
Wann?	Nächsten Sonntag
Was brauchen wir?	Zugfahrkarten, Getränke, …
Wer macht was?	Fahrkarten kaufen: Angela, …

4 Stellen Sie Ihre Ideen im Kurs vor. Diskutieren Sie und entscheiden Sie sich gemeinsam für eine Idee.

TEST

1 Urlaub in der Uckermark. Ergänzen Sie.

WÖRTER

WILLKOMMEN IN DER UCKERMARK IN NORDOSTDEUTSCHLAND!

Hier finden Sie eine wunderschöne (a) Landschaft (SCHANFTDAL) mit vielen Seen und Wäldern. Bei Fahrten durch die Natur sehen Sie viele (b) ________________ (IETER) und (c) ________________ (ANZELPFN). Allein oder in der (d) ________________ (GURPEP) können Sie (e) ________________ (DENNWAR), Fahrrad fahren oder anders sportlich (f) ________________ (VITAK) sein. Wir (g) ________________ (EBRETNA) Sie gern.

_ / 6 PUNKTE

2 Bilden Sie Nomen mit *-ung* oder *-er*.

STRUKTUREN

a ■ Wir möchten dreimal übernachten. Eine Übernachtung kostet 38 Euro. Das sind dann ...

b ■ Meine Kinder wandern leider nicht gern.
▲ Buchen Sie doch die Nacht-________________. Die ist toll für Groß und Klein!

c ■ Wann und wo kann ich mich anmelden?
▲ Die ________________ beginnt am 1. August hier bei uns im Büro.

d ■ Vermieten Sie die Zimmer auch an Weihnachten?
▲ Da müssen Sie Herrn Fährmann fragen. Er ist der ________________ .

e ■ Wie war dein Urlaub? Hast du dich erholt?
▲ Ja, eine Woche Entspannung und ________________, das war perfekt.

_ / 4 PUNKTE

3 Ordnen Sie zu.

KOMMUNIKATION

finde die Idee | würde gern | nehme ich lieber | gefällt mir am besten | überhaupt nicht | am liebsten

■ Sollen wir in den Sommerferien in die Berge fahren?
▲ Nicht schon wieder! Das gefällt mir ________________________ (a). Ich würde ________________________ (b) in den Süden fliegen und am Meer liegen.
● In die Berge? Also, ich ________________________ (c) auch nicht so gut.
■ Berge, Meer ... das kennen wir schon. Ich ________________________ (d) nach Norddeutschland reisen, dort waren wir noch nie.
● Meine Freunde sind gerade den Berlin-Usedom-Radweg gefahren, 340 Kilometer in nur zwei Tagen. Das können wir auch machen.
▲ 340 Kilometer in zwei Tagen? Nein, danke! Da ________________________ (e) den Zug!
■ Super! Die Idee mit der Radtour ________________________ (f).

_ / 6 PUNKTE

Wörter		Strukturen		Kommunikation	
🔴	0–3 Punkte	🔴	0–2 Punkte	🔴	0–3 Punkte
🟡	4 Punkte	🟡	3 Punkte	🟡	4 Punkte
🟢	5–6 Punkte	🟢	4 Punkte	🟢	5–6 Punkte

www.hueber.de/menschen-hier

LERNWORTSCHATZ

1 Wie heißen die Wörter in Ihrer Sprache? Übersetzen Sie.

Natur und Umwelt

Dorf das, ¨-er ______
Katze die, -n ______
Pflanze die, -n ______
Landschaft die, -en ______
Luft die ______
Ruhe die ______
Strand der, ¨-e ______
Tier das, -e ______
Ufer das, - ______
Vogel der, ¨ ______

wandern, ist gewandert ______

Tourismus

Beratung die, -en ______
Erfahrung die, -en ______
Fahrt die, -en ______
Gruppe die, -n ______
Karte die, -n ______
Service der, -s ______
Trend der, -s ______
im Trend liegen ______
Unterricht der ______

TIPP

Notieren Sie unterwegs neue Wörter. Sie können auch Bilder malen.

an·bieten, hat angeboten ______
beraten, du berätst, er berät, hat beraten ______
beginnen, hat begonnen ______
buchen, hat gebucht ______
enden, hat geendet ______
erleben, hat erlebt ______
mit·machen, hat mitgemacht ______

aktiv ______
sportlich ______

Weitere wichtige Wörter

Mode die, -n ______

überhaupt nicht ______
anders ______
außerdem ______
direkt ______

2 Welche Wörter möchten Sie noch lernen? Notieren Sie.

______
______
______
______
______
______

IM ALLTAG Einen Mietvertrag verstehen

1 Lesen Sie (bis „... erlaubt“) und beantworten Sie die Fragen.

a Wer möchte eine Wohnung mieten? ____________
b Wo ist die Wohnung? In ____________
c Wie groß ist die Wohnung? ____________

Mietvertrag

zwischen

Name: Gerd Baumann
Adresse: Müllerstraße 13, 44369 Dortmund
Telefon: 0231/396 25 62
– Vermieter –

und

Name: Simion Andrescu
Adresse: Königsallee 29, 44789 Bochum
Telefon: 0151/39 42 34 97
– Mieter –

1) Mieträume
Berghofstraße 12, 1. Stock links, 44339 Dortmund
2 Zimmer, Küche, Bad, Balkon, Wohnfläche: ca. 63 m²
Die Benutzung ist nur zu Wohnzwecken erlaubt.

2) Mietdauer
Der Mietvertrag beginnt am 1.4.20.., er ist unbefristet. Es gilt die gesetzliche Kündigungsfrist von drei Monaten. Die Kündigung ist nur schriftlich möglich.

3) Miete und Nebenkosten
Kaltmiete pro Monat: 540 Euro
Vorauszahlung Nebenkosten pro Monat: 120 Euro
Gesamtmiete pro Monat: 660 Euro

4) Zahlung von Miete und Nebenkosten
Die Gesamtmiete ist jeden Monat im Voraus bis spätestens zum 3. Werktag des Monats zu bezahlen.
Kontoinhaber: Gerd Baumann
Kontonummer: 2894728
Geldinstitut: SparBank
Bankleitzahl: 104 77 00

5) Mietsicherheit
Der Mieter leistet eine Mietsicherheit (Kaution) in Höhe von 1.080 Euro.

2 Lesen Sie den Mietvertrag ganz und kreuzen Sie an.

	richtig	falsch
a Die Wohnung liegt im zweiten Stock.	◯	◯
b Die Wohnung hat einen Garten.	◯	◯
c Der Mieter darf die Wohnung als Büro nutzen.	◯	◯
d Er kann ab 1. April in der Wohnung wohnen.	◯	◯
e Er bezahlt jeden Monat 540 Euro für die Wohnung.	◯	◯
f Er kann die Miete für April auch Anfang Mai bezahlen.	◯	◯
g Er muss 1.080 Euro Kaution bezahlen.	◯	◯

WORTSCHATZ

Bankleitzahl die, -en
befristet ≠ unbefristet
Benutzung die
gelten, es gilt, hat gegolten
Gesamtmiete die, -n
Kontonummer die, -n
Kündigung die, -en
Kündigungsfrist die, -en
Mieter der, -
Mietvertrag der, ¨-e
spätestens
Vermieter der, -
im Voraus
im Voraus bezahlen
Vorauszahlung die, -en
Werktag der, -e
Wohnfläche die, -n
Wohnzweck der, -e

IN DER FAMILIE *Beschwerden über das Kind*

1 Sehen Sie das Bild an. Was machen die Kinder? Sprechen Sie.

nicht mitspielen | andere Kinder stören/ärgern | das Haus kaputt machen | streiten | mit Bausteinen spielen | etwas bauen | die Stifte wegnehmen | schlagen | ein Buch ansehen | zeichnen | ...

Zwei Kinder zeichnen.
Ein Kind ärgert sie.
Es nimmt die Stifte weg.

▶ 1 07 2 Hören Sie das Gespräch und ordnen Sie zu.

verstehe ich nicht | ~~ist manchmal ein bisschen aggressiv~~ | mit allen Kindern Probleme | hat das Haus kaputt gemacht | leider nicht sehr nett | stört die anderen Kinder | spreche mal mit ihm

- ■ Guten Tag, Herr Sadeh, kann ich Sie einen Moment sprechen?
- ▲ Ja, natürlich. Was gibt es denn?
- ■ Wissen Sie, Aref _ist manchmal ein bisschen aggressiv_ (a).
- ▲ Aggressiv? Komisch. Zu Hause ist er ganz normal. Was meinen Sie denn mit „aggressiv"?
- ■ Er ______________________ (b) beim Spielen. Heute zum Beispiel: Da haben Lina und Eli ein Haus gebaut. Dann ist Aref gekommen und ______________________ (c).
- ▲ Also, das ______________________ (d). Zu Hause spielt Aref immer mit seinen Geschwistern und es gibt nie Probleme. Hat er denn ______________________ (e)?
- ■ Nein, mit allen nicht. Aber im Moment sind viele Kinder neu und Aref ist ______________________ (f) zu ihnen.
- ▲ Vielleicht muss er sie erst besser kennenlernen. Aber natürlich darf er nicht aggressiv sein. Ich ______________________ (g).
- ■ Ja, das wäre gut. Vielen Dank. ...

3 Rollenspiel: Schreiben und spielen Sie zu zweit das Gespräch.

In der Kita
Erzieherin/Erzieher:
- das Kind immer allein
- spielt nicht mit den anderen Kindern
- spricht nicht mit den Erzieherinnen

In der Kita
Mutter/Vater:
- das Kind im Moment sehr traurig
- ihr/sein Hund ist gestorben

WORTSCHATZ

ärgern, hat geärgert
Er ärgert die anderen Kinder.
Erzieher der, -
Erzieherin die, -nen
mitspielen, hat mitgespielt
schlagen, du schlägst, er schlägt, hat geschlagen
stören, hat gestört
wegnehmen, du nimmst weg, er nimmt weg, hat weggenommen

IM BERUF *Über Berufserfahrungen sprechen*

▶1 08 **1 Im Hotel. Was ist richtig?**
Hören Sie den Gesprächsanfang und kreuzen Sie an.

a Frau Assmann und Herr Dinev
◯ arbeiten ◯ sind Gäste im Hotel.

b Herr Dinev spricht über seine
◯ Berufserfahrung. ◯ Urlaubspläne.

▶1 09 **2 Was ist richtig? Hören Sie jetzt das ganze Gespräch und kreuzen Sie an.**

a Herr Dinev hat in Bulgarien eine Ausbildung im Tourismus gemacht. ◯
b Die Ausbildung hat drei Jahre gedauert. ◯
c Er hat in der Ausbildung viel praktische Erfahrung in einem Hotel gesammelt. ◯
d Er hat nach der Ausbildung in einem Hotel gearbeitet. ◯
e Er arbeitet gern in der Natur. ◯
f Im Moment arbeitet er als Skilehrer. ◯
g Herr Dinev möchte noch viel lernen. ◯

3 Welche Ausbildung und Berufserfahrung haben Anatol Dinev und Edita García?
Sprechen Sie.

Schule: Sofia (Bulgarien), 2008 beendet
Ausbildung: Tourismuskaufmann, Abschluss vor drei Jahren
Arbeit: an der Rezeption, als Wanderführer
Ausbildung zum Skilehrer
nach Deutschland gegangen
Arbeit: als Kellner
Praktikum: in einem Hotel auf Sylt
jetzt: Arbeit an der Hotelrezeption

Anatol Dinev ist in Sofia zur Schule gegangen. 2008 hat er …

Schule: Barcelona (Spanien), 2005 beendet
Studium: Architektur (Madrid), nur zwei Jahre, kein Abschluss
nach Deutschland gegangen
Arbeit: als Kellnerin und Küchenhilfe
Praktikum: in einer Kita
Ausbildung: als Erzieherin, 3 Jahre
nach Abschluss: Arbeit in Kita

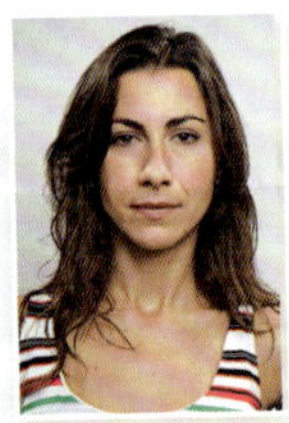

4 Welche Ausbildung und/oder Berufserfahrung haben Sie?

a Machen Sie Notizen wie in 3.

b Sprechen Sie zu zweit.

KOMMUNIKATION

Ich habe eine Ausbildung als …/ eine Weiterbildung zum/zur … gemacht.
Ich habe … studiert.
Die Ausbildung / Das Studium / Das Praktikum hat … Monate/Jahre gedauert.
20.. habe ich den Abschluss gemacht.
20.. habe ich die Schule / die Ausbildung / das Studium beendet.
Ich habe als … gearbeitet.
Ich habe viel/wenig praktisch gearbeitet.
Ich habe viel/wenig (Berufs-)Erfahrung.

WIEDERHOLUNGSSTATION: WORTSCHATZ

1 Meine Familie

a Bilden Sie Wörter.

~~NE~~ | NICH | SIN | ON | EL | TE | COU | TERN | KEL | ~~SI~~ | TE | SCHWIE | TAN | ~~COU~~ | GER

Cousine ______ ______

______ ______ ______

b Ordnen Sie die Wörter aus **a** zu.

1 ■ Bist du das? Du hattest früher ja blonde Haare!
▲ Ja. Neben mir steht meine *Cousine* (a) Dorothea. Wir sind gleich alt und haben früher viel zusammen gespielt. Neben uns ist mein ______ (b) Benedikt.
Dorothea und Benedikt sind die Kinder von ______ (c) Angelika und ______ (d) Thomas. Er ist der Bruder von meiner Mutter.

2 ● Das ist die Familie von meinem Mann. Hier heiratet seine ______ (a) Sarah. Sie ist die Tochter von seinem Bruder. Auf dem anderen Bild siehst du Sarahs Großeltern.
■ Das sind doch auch deine ______ (b), oder?
● Richtig!

2 Was war früher anders als heute? Ergänzen Sie.

Dorf | ~~Zigaretten~~ | Herd | Unterricht | Fernsehgerät | Puppen | Luft | Bauernhof

a Früher habe ich am Tag 20 *Zigaretten* geraucht, heute lebe ich gesünder.
b Als Kind habe ich mit ______ gespielt. Meine Tochter findet Computerspiele interessanter.
c In unserem ______ war die ______ früher besser, heute gibt es viele Fabriken.
d Meine Großeltern haben auf einem ______ gelebt, wir wohnen in der Stadt.
e In meiner Kindheit hatten wir auch kein ______.
f Meine Großmutter hat früher Holz zum Kochen gebraucht, jetzt hat sie einen ______.
g Der ______ in der Schule war anders, heute diskutieren die Lehrer mehr mit den Schülern.

3 Wo machen wir ein Picknick? Lösen Sie das Rätsel.

						a			L			
					b			E				
		c	W									
						d						
e						Z						

a Im ... stehen viele Bäume.
b Hunde, Katzen, Frösche und Vögel sind ...
c In den Bergen kann man gut ...
d Man schwimmt im Meer und liegt dann am ... in der Sonne.
e Eine Blume ist eine ...

Lösung: Auf einer _ _ _ S _ !

WIEDERHOLUNGSSTATION: GRAMMATIK

1 Montagmorgen in der Büroküche. Was ist richtig? Markieren Sie.

- ■ Guten Morgen. Wie geht's dir? Wie war sein / seine / dein / deine (a) Wochenende?
- ▲ Na ja, es geht so. Mein / Meine / Ihr / Ihre (b) Schwiegermutter hat mich und sein / seinen / mein / meinen (c) Mann besucht und mal wieder eure / euren / unsere / unseren (d) Wohnung geputzt.
- ■ Was?! Wie findet mein / meinen / dein / deinen (e) Mann das eigentlich?
- ▲ Ach, der findet ja, ihre / ihr / seine / sein (f) Mutter soll jedes Wochenende zu uns kommen.
- ● Übrigens! Susanne arbeitet nicht mehr bei uns. Sie hat einen super Job bei Siemens gefunden.
- ■ Wow, mit seiner / seine / ihrer / ihre (g) Erfahrung verdient sie dort sicher viel mehr als in unserer / unsere / seiner / seine (h) Firma.
- ● Vielleicht, aber mir macht meine / mein / deine / dein (i) Arbeit hier Spaß.
- ▲ Ach, da kommt ja Herr Dirks. Vielleicht hat er meinen / mein / ihren / ihr (j) Drucker schon repariert.
- ■ Guten Morgen, Frau Müller. Ihr / Ihre / Dein / Deine (k) Drucker ist fertig. Er steht in Ihrem / Ihr / deinem / dein (l) Büro.

2 Johanna hat ihr Zimmer neu eingerichtet. Ergänzen Sie die Präpositionen und die Artikel.

a Sie hat ein Sofa, einen Stuhl und einen Sessel ins Zimmer gestellt.
b ______ Sofa und ______ Sessel hat sie einen Tisch gestellt.
c Das Bett steht jetzt ______ Fenster.
d ______ Bett hängt ein Bücherregal.
e ______ Fenster hat sie Vorhänge gehängt.
f ______ Schrank liegt ein Teppich.
g Die Lampe hat sie ______ Tisch gehängt.
h ______ Wand ______ Sofa hängt ein Bild.

3 Ergänzen Sie die Tabellen.

Verben	Nomen + -ung	Verben	Nomen + -er
übernachten	die Übernachtung	mieten	
buchen			der Spieler
		fahren	
			der Kletterer

Verben	Nomen + -ung	Nomen + -er
sammeln		
	die Zeichnung	

TRAINING: AUSSPRACHE

Lange und kurze Vokale – Lektion 1

▶ 1 10 **1 Hören Sie und markieren Sie den Wortakzent: lang (_) oder kurz (.)**

e Neffe – Brezel
o Opa – Onkel
ö Söhne – Töchter
u Puppe – Bruder
ü Brüder – Mütter

2 Kreuzen Sie an.

REGEL
Vokale klingen
◯ gleich. (Opa = Onkel)
◯ nicht gleich. (Opa ≠ Onkel)

▶ 1 11 **3 Hören Sie und sprechen Sie nach.**

a der Bäcker – die Brezel – Der Bäcker backt Brezeln.
b Jugendliche – die Puppe – Jugendliche spielen nicht mit Puppen.
c Brüder – verrückt – Meine fünf Brüder sind verrückt.
d der Onkel – komisch – Dein Onkel ist aber komisch!
e Töchter – Söhne – Meine Großeltern hatten sechs Töchter und zehn Söhne.

Der Laut „r" – Lektion 2

▶ 1 12 **1 In welchem Wort hören Sie „r"?**
Markieren Sie und kreuzen Sie dann an.

a unter den Schrank
b hinter das Regal
c über das Gerät
d vor den Raum

REGEL
Am Wort- und Silbenanfang
und in Silben
◯ hört und spricht man „r".
◯ hört und spricht man „r" nicht.
Am Wort- und Silbenende
◯ hört und spricht man „r".
◯ hört und spricht man „r" nicht.

▶ 1 13 **Hören Sie noch einmal und sprechen Sie nach.**

▶ 1 14 **2 Wo hört und spricht man „r"?**
Markieren Sie.

Rüdiger und Rita
Rüdiger und Rita renovieren.
Sie diskutieren:
Welche Farbe an die Wand?
Rot? Grün? Braun? Orange?
Ach, Rita! Nimm du das in die Hand!

Hören Sie und sprechen Sie dann.

TRAINING: AUSSPRACHE

Der Nasal „ng“ – Lektion 3

▶1 15 **1 Hören Sie und kreuzen Sie an.**

Beratung – Erfahrung – Erholung – Wanderung – Ordnung – Ausstellung

REGEL
Die Buchstabenkombination „ng“ spricht man als
◯ einen Laut. ◯ zwei Laute: „n“ und „g“.

▶1 16 **2 Markieren Sie „ng“. Hören Sie und sprechen Sie nach.**

a Velo-Touren zwischen Kreuzlingen und Rohrschach: ohne Anstrengung am See-Ufer entlangfahren. Beratung und Ausrüstung bei Velo-Mann!
b Erholung pur: Bei uns dürfen Sie langsam sein, lange schlafen, lange frühstücken und unsere gute Luft genießen. Hier ist die Welt noch in Ordnung!
c Am Langwieder See: Die Vögel singen, die Frösche quaken. Im Zelt auf Campingplätzen übernachten. Die perfekte Erholung!

SELBSTEINSCHÄTZUNG *Das kann ich!*

Ich kann jetzt ...

... über Berufe sprechen: L01 ◯ ◯ ◯

Mein Großvater war ____________
und mein Vater ist auch ____________.
Ich möchte auf ________ Fall ____________, denn ich
finde den Beruf ____________.

... Familiengeschichten erzählen: L01 ◯ ◯ ◯

■ Habe ich dir schon ____ meiner Cousine ________?
▲ Nein.
■ Also, ______ auf: ...
Und _____ du, was dann ________ ist? Sie ...
Sie _____ schon verrückt, meine ________.

... Einrichtungstipps geben: L02 ◯ ◯ ◯

__________ einen Teppich auf den Boden. Dann ______ das Zimmer gleich wärmer aus.
________ das Sofa unter das Regal.
________ mit großen Möbelstücken! ______ Sie sie vor eine helle Wand,
_____ wird das Zimmer schnell zu dunkel.

... etwas bewerten: L03 ◯ ◯ ◯

■ Welche Idee ________ dir ____ besten?
▲ Also, ich _____ den Öko-Wellness-Bauernhof am besten.
■ Echt? Die Idee ______ mir ______ nicht.

SELBSTEINSCHÄTZUNG *Das kann ich!*

Ich glaube, das ______________________ nicht.
▲ Doch, das glaube ich schon. Das ________ doch gerade im ________.

... Vorlieben und Wünsche ausdrücken: L03
■ Welche Reise würdest du am liebsten buchen?
▲ Ich ______________________ die Wasserwanderung ______________________.
■ Wirklich? Ich fahre ________ Fahrrad.

Ich kenne ...

... 10 Familienmitglieder: L01
Diese Familienmitglieder treffe ich oft:

____

Diese Familienmitglieder treffe ich nicht so oft:

____

... 10 Aktivitäten aus meiner Kindheit: L01
Das habe ich als Kind gern gemacht:

____

Das habe ich als Kind nicht / nicht so gern gemacht:

____

... 10 Wörter zum Thema „Einrichtung und Haushalt“: L02

____

... 8 Wörter zum Thema „Natur und Umwelt“: L03
Das mag ich:

____

Das mag ich nicht:

____

Ich kann auch ...

... Besitzverhältnisse angeben (Possessivartikel): L01
Das sind u__________ Zigaretten.
Habt ihr e__________ Hausaufgaben gemacht?
Kann ich auch mit m__________ Kreditkarte zahlen?

... die Lage von Dingen und die Richtung angeben (Wechselpräpositionen): L02
Wo hängt die Lampe? ______________________
Wohin soll ich die Lampe hängen? ______________________

... sagen, wer das macht und was man macht (Nomen bilden): L03
Wer vermietet eine Wohnung? – Der V______________.
Sie erfahren viel. Sie machen viele E______________.

... eine Erzählung strukturieren: L01
z__________, dann, d__________, z____ S__________

Üben/Wiederholen möchte ich noch ...

____

Was darf es sein?

KB 2 **1 Online-Umfrage zum Thema „Einkaufen". Ergänzen Sie.**

WÖRTER

1 Wo kaufen Sie lieber ein?
☐ in kleinen Geschäften ☐ auf dem M __ __ k __ ☐ im S __ __ __ __ __ markt

2 Wie oft kaufen Sie ein?
☐ jeden Tag ☐ einmal bis z __ e __ __ al p __ __ Woche ☐ einmal p __ __ Monat

3 Was nehmen Sie zum Einkaufen mit?
☐ Einkaufsz __ t __ e __ ☐ Einkaufst __ s __ h __

4 Wie gehen Sie am liebsten einkaufen?
☐ h __ n __ r __ g ☐ s __ __ t ☐ weiß nicht

5 Achten Sie auf A __ g __ b __ te?
☐ immer ☐ manchmal ☐ nie

Fragebogen absenden

KB 3 **2 Ergänzen und vergleichen Sie.**

WÖRTER

	Deutsch	Englisch	Meine Sprache oder andere Sprachen
a 	die Birne	pear	
b 		jam/marmalade	
c 		coke	
d 		banana	

KB 4 **3 Sonderangebote: Was kostet wie viel? Ergänzen Sie.**

WÖRTER

Eine Dose | Eine Tüte | Eine Packung | Ein Liter | ~~100 Gramm~~ | Ein Pfund | Ein Kilo

a 100 Gramm Weichkäse kosten 1,59 Euro.
b ______________________ kostet 0,86 Euro.
c ______________________ kostet 0,54 Euro.
d ______________________ kostet 1,29 Euro.
e ______________________ kostet 1,08 Euro.
f ______________________ kostet 0,98 Euro.
g ______________________ kostet 1,69 Euro.

SONDERANGEBOTE

Weichkäse aus Rohmilch
100 g / 1,59 €

Quark 40% Fett
500 g / 0,86 €

6 **Eier**

1,08 €

Mehl
1 kg / 0,54 €

Bohnen

0,98 €

Orangensaft
1 l / 1,29 €

Schokobonbons

1,69 €

KB 5 **4 Das schmeckt doch nicht! Markieren Sie die Endungen der Adjektive und ergänzen Sie *der*, *das* oder *die*.**

STRUKTUREN ENTDECKEN

a die Tomaten — Das sind aber grüne Tomaten.
b ______ Brötchen — Das ist ja ein hartes Brötchen.
c ______ Wurst — Das ist doch keine normale Wurst.
d ______ Braten — Das ist aber ein fetter Braten.

BASISTRAINING

5 Was hast du denn eingekauft? Lesen Sie den Einkaufszettel und ergänzen Sie dann die passenden Adjektive.

KB 5 · Strukturen

Milch (1,5 %)
span. Schinken
2 Paprika gelb
1 Mehl (billig!)
Käse (weich)

italienisch | ~~normal~~ | gelb | teuer | hart | ~~fettarm~~ | spanisch | billig | grün | weich

a Das ist doch eine normale und keine fettarme Milch.
b Das ist doch ein ______ und kein ______ Käse.
c Das ist doch ein ______ und kein ______ Schinken.
d Das sind doch ______ und keine ______ Paprika.
e Das ist doch ein ______ und kein ______ Mehl.

6 Wie heißt das Gegenteil?

KB 5

Schreiben Sie fünf Sätze wie im Beispiel. Tauschen Sie dann mit Ihrer Partnerin / Ihrem Partner. Ihre Partnerin / Ihr Partner ergänzt das passende Adjektiv.

Das sind keine rohen Eier. Das sind ______ Eier.
Das ist kein großer Fehler. Das ist ein ______ Fehler.

7 Was passt? Ordnen Sie zu.

KB 5 · Strukturen

a Ich mag keine dunkle — Schokolade.
b Ich trinke keinen schwarzen
c Ich trinke jeden Morgen ein großes
d Ich esse gern rohe
e Aber ich esse keine fetten

Zwiebeln.
Glas Orangensaft.
Tee.
Pommes.
Schokolade.

8 Ergänzen Sie den Akkusativ mit den Beispielen aus 7.

KB 5 · Strukturen entdecken

Markieren Sie die Endungen. Notieren Sie dann den Nominativ.

Nominativ	Akkusativ
● (k)ein schwarzer Tee	(k)einen schwarzen Tee
●	
●	
● / keine fetten Pommes	/ keine fetten Pommes

9 Was ist im Kühlschrank? Ergänzen Sie die Endungen.

KB 5 · Strukturen

■ Müssen wir wirklich einkaufen gehen? Was haben wir denn noch im Kühlschrank?
▲ Da ist eine kleine (a) Packung Quark und ein mager____ (b) Käse. Wir haben auch noch ein paar alt____ (c) Kartoffeln und eine klein____ grün____ (d) Paprika. Da ist auch noch ein klein____ (e) Glas Marmelade. Wir haben ein hart gekocht____ (f) Ei, aber keine roh____ (g) Eier mehr. Zum Trinken haben wir nur noch eine groß____ (h) Flasche Cola.

BASISTRAINING

KB 5 **10 Wo kaufen Sie gern ein? Ergänzen Sie.**

STRUKTUREN

a im Urlaub auf ein*em* französisch*en* • Markt
b in normal____ • Läden
c in ein____ klein____ • Geschäft mit ein____ nett____ • Verkäuferin
d in ein____ modern____ • Einkaufszentrum
e in ein____ schön____ • Laden in meiner Straße

KB 6 **11 Auf dem Flohmarkt. Ergänzen Sie die Endungen.**

STRUKTUREN

a ■ Da hinten sind schön*e* Gläser.
▲ Das ist gut. Wir brauchen klein____ Wassergläser.

b ■ Ich suche ein nett____ Geschenk für meine Freundin.
▲ Kauf ihr doch eine schön____ Kette.

c ■ Ich möchte für meinen klein____ Cousin ein Buch kaufen.
▲ Hier ist ein Kinderbuch mit lustig____ Bildern.

d ■ Gibt es denn hier keine alt____ Computer?
▲ Du hast doch schon einen alt____ Computer zu Hause!

e ■ Oh! Das ist ein toll____ Ring!
▲ Also, ich finde die Halskette mit klein____ Blumen schöner.

KB 7 **12 Ergänzen Sie das Gespräch.**

KOMMUNIKATION

Das ist alles | Ich hätte gern | sonst noch etwas | Dann geben Sie | sind heute im Angebot | ~~Was darf es~~ | Meinen Sie | Wie viel darf | Gemüse brauche ich

● *Was darf es* (a) sein?
▲ ______________________ (b) Tomaten.
● Möchten Sie normale Tomaten oder lieber Cocktailtomaten?
Die Cocktailtomaten ______________________ (c). Sie kosten nur 2,80 Euro je Kilo.
▲ ______________________ (d) mir doch bitte die Cocktailtomaten.
● ______________________ (e) es denn sein?
▲ Ein Pfund, bitte.
● Möchten Sie ______________________ (f)?
▲ ______________________ (g) nicht mehr, aber vielleicht noch ein Kilo von den Äpfeln.
● ______________________ (h) die da oder die hier?
▲ Die da, bitte.
● Sonst noch etwas?
▲ Nein, danke. ______________________ (i).

TRAINING: SPRECHEN

1 In einem Imbiss bestellen

Was sagt der Gast? Was sagt der Verkäufer? Schreiben Sie die Sätze für den Gast und die Sätze für den Verkäufer auf Kärtchen in verschiedenen Farben.

~~Ich hätte gern~~ / Ich nehme … | ~~Soll es … oder … sein?~~ | Dann nehme ich … | Ich möchte lieber … Geht das? | Das geht (leider nicht). | Kann ich … haben? | Tut mir leid. Wir haben kein(e) … | Was darf es sein? | Wir haben nur noch … | Möchten Sie lieber … oder … ? | Ja, sehr gern.

Gast
Ich hätte gern …

Verkäufer
Soll es … oder … sein?

TIPP

Schreiben Sie wichtige Sätze auf Kärtchen. Legen Sie die Kärtchen für Ihre Rolle vor sich auf den Tisch. Benutzen Sie möglichst viele Sätze. Die Kärtchen helfen.

2 Spielen Sie zu zweit die Situationen.

Verwenden Sie Sätze aus 1. Wechseln Sie die Rollen.

Sie sind Gast.	Sie sind Verkäuferin / Verkäufer.
A Bestellen Sie ein kleines Frühstück mit Ei und einen grünen Tee. Sie möchten den Tee mit Honig trinken. Das Ei soll weich gekocht sein.	A Sie haben leider nur schwarzen Tee. Honig kann der Gast gern haben. Möchte er das Ei weich oder hart gekocht?

■ Guten Tag, was darf es sein?
▲ Ich hätte gern ein kleines Frühstück mit Ei und einen grünen Tee.
■ Tut mir leid, wir haben keinen …, nur …
▲ Dann nehme ich … Kann ich bitte … zum Tee bekommen?
■ Natürlich. Möchten Sie Ihr Ei …?
▲ Lieber …

B Bestellen Sie eine Kartoffelsuppe, ein Börek mit Käse und einen Saft.	B Sie haben Apfelsaft und Orangensaft. Was möchte der Gast? Fragen Sie.
C Sie möchten ein süßes Frühstück und einen Milchkaffee. Der Kaffee soll mit Magermilch sein.	C Sie haben Magermilch. Möchte der Gast einen großen oder einen kleinen Milchkaffee? Fragen Sie.

3 Spielen Sie eigene Gespräche.

Benutzen Sie die Imbisskarte in 1 und/oder eigene Ideen.

TEST

1 Was steht auf dem Einkaufszettel? Ergänzen Sie.

WÖRTER

Pizza:
- je 250 g Schinken und S a l a m i (a)
- eine D _ _ _ (b) Mais
- zwei K _ _ _ (c) Mehl
- ein Pf _ _ _ (d) Tomaten
- eine P _ c k _ _ _ (e) Käse
- frischer K _ _ b _ a _ c h (f)

Dessert:
- ein _ i _ _ r (g) Milch (fettarm!)
- B i _ _ _ n (h), Äpfel und _ a n _ _ _ n (i)
- 500 g Q _ _ r _ (j)

Getränke:
- Wasser, Cola, Orangen_ a _ t (k)

_ / 10 PUNKTE

2 Ergänzen Sie die Endungen.

STRUKTUREN

- ■ Sollen wir für meine Geburtstagsparty eine große (a) Pizza backen?
- ▲ Gute Idee. Haben wir noch Mehl?
- ■ Ja, aber hier ist kein hell____ (b) Mehl.
- ▲ Ich schreibe es gleich auf den Einkaufszettel. Und wie viel Schinken und Salami brauchen wir?
- ■ Je 250 Gramm. Aber bitte keinen roh____ (c) Schinken und nur eine fettarm____ (d) Salami.
- ▲ Schon klar. Dann kaufe ich noch weich____ (e) Tomaten und einen mild____ (f) Käse.
- ■ Und als Dessert gibt es einen lecker____ (g) Kuchen.
- ▲ Oder wir machen einen frisch____ (h) Obstsalat.
- ■ Super Idee!

_ / 7 PUNKTE

3 Ordnen Sie zu.

KOMMUNIKATION

Das ist alles | Wie viel darf es sein | Möchten Sie lieber | Ich hätte gern | Möchten Sie sonst noch | Was darf es sein

- ■ Hallo, Frau Fischer. ____________________ (a)?
- ▲ ____________________ (b) Schinken und Salami für eine Pizza.
- ■ ____________________ (c) einen rohen oder einen gekochten Schinken?
- ▲ Einen gekochten, bitte.
- ■ ____________________ (d)?
- ▲ Geben Sie mir bitte 250 Gramm und dann noch 250 Gramm von der Salami.
- ■ Gern. ____________________ (e) etwas?
- ▲ Nein, danke. ____________________ (f).

_ / 6 PUNKTE

Wörter		Strukturen		Kommunikation	
●	0–5 Punkte	●	0–3 Punkte	●	0–3 Punkte
●	6–7 Punkte	●	4–5 Punkte	●	4 Punkte
●	8–10 Punkte	●	6–7 Punkte	●	5–6 Punkte

www.hueber.de/menschen-hier

LERNWORTSCHATZ

4

1 Wie heißen die Wörter in Ihrer Sprache? Übersetzen Sie.

Lebensmittel

Banane die, -n
Birne die, -n
Bohne die, -n
Bonbon der/das, -s
Cola die, -s
Gemüse das
Getränk das, -e
Marmelade die, -n
Mehl das
Quark der
Saft der, ¨-e

fett
fettarm
frisch
hart
mager
normal
roh
weich

TIPP

Notieren Sie Gegensätze.

hungrig – satt

Einkaufen

Dose die, -n
Gramm das, -e
500 Gramm Quark
Kilo(gramm) das, -(s)
zwei Kilo Bananen
Liter der, -
Packung die, -en
Pfund das, -e
Portion die, -en
Tüte die, -n
Zettel der, -
Einkaufszettel der

hungrig
satt

je
pro

Weitere wichtige Wörter

Gewohnheit die, -en
Essgewohnheit die
Fehler der, -

bestellen, hat bestellt
hoffen, hat gehofft

nämlich

2 Welche Wörter möchten Sie noch lernen? Notieren Sie.

Schaut mal, der schöne Dom!

KB 3 **1** **Welches Verb passt? Kreuzen Sie an.**

WÖRTER

a ein Tourist ◯ reisen ◯ ankommen ☒ sein
b zu Fuß einen Rundgang durch die Stadt ◯ besichtigen ◯ machen ◯ gehen
c geöffnet/offen ◯ wechseln ◯ sein ◯ machen
d Sehenswürdigkeiten ◯ buchen ◯ besichtigen ◯ mitmachen
e auf einer Bank Geld ◯ wechseln ◯ kaufen ◯ geben
f einem Kellner Trinkgeld ◯ machen ◯ geben ◯ einladen
g eine Unterkunft für zwei Nächte ◯ übernachten ◯ buchen ◯ gefallen
h wichtige Informationen in einem Prospekt ◯ lesen ◯ informieren ◯ buchen
i eine Führung durch die Stadt ◯ mitmachen ◯ gehen ◯ fahren
j einen guten Reiseführer ◯ haben ◯ besichtigen ◯ mitmachen
k sich für Museen ◯ besichtigen ◯ gefallen ◯ interessieren

KB 4 **2** **Schreiben Sie die Wörter richtig.**

WÖRTER

a
Schöne *Ferien* (enFier)!
Schreib mir!
Ich ____________________ (efrue) mich über eine ____________________ (karsPotte).

b
Hast Du meine ____________________ (rienchNacht) nicht bekommen?
Warum rufst Du mich nie an?
Das ____________________ (gertär) mich!

c
Kannst Du den ____________________ (rerseReifüh) über Rom für mich in der Bibliothek ____________________ (engeabb)? Die Bibliothek ist nur bis 18.00 Uhr ____________________ (netöffge).
Danke und dickes Bussi ♥

KB 5 **3** **Ergänzen Sie.**

WÖRTER

Club | Mauer | ~~Dom~~ | schick | berühmt | bunt

a Ein *Dom* ist eine große Kirche.
b Früher war zwischen Ost- und Westberlin eine ____________________.
c Ich kenne einen tollen ____________________. Da spielen immer interessante Bands.
d Das Haus hat viele Farben, es ist ____________________.
e Jeder kennt die Popsängerin Lady Gaga, sie ist ____________________.
f Dieses Stadtviertel ist gerade in, es ist sehr ____________________ geworden.

KB 5 Strukturen entdecken

4 Markieren Sie die Adjektivendungen und ergänzen Sie das Gegenteil.

a die freundlichen – die unfreundlichen Touristen
b die schönen – ______ Postkarten
c der geschlossene – ______ Supermarkt
d die langweilige – ______ Stadtführung
e die lange – ______ Schifffahrt
f das gute – ______ Wetter
g das alte – ______ Haus
h der kurze – ______ Brief

KB 5

5 Ihr Kursort

Was gefällt Ihnen / Was gefällt Ihnen nicht?
Schreiben Sie sechs Beispiele. Tauschen Sie mit Ihrer Partnerin / Ihrem Partner.
Sie/Er ergänzt die Adjektivendungen.

Das gefällt mir:	Das gefällt mir nicht:
die alt___ Häuser im Zentrum	das langweilig___ Kunstmuseum

KB 5 Strukturen entdecken

6 Ordnen Sie zu und markieren Sie die Adjektivendungen.

das bunte | der kleinen | ~~den alten~~ | die schicken | dem bunten | ~~dem alten~~ | die kleine | den schicken

Akkusativ	Dativ
Ich mag ... (nicht)	Das ist die Straße mit ...
• den alten Supermarkt	dem alten Supermarkt
• ______ Haus	______ Haus
• ______ Kirche	______ Kirche
• ______ Geschäfte	______ Geschäften

KB 5 Strukturen

7 Auf dem Stadtrundgang. Ergänzen Sie.

a Den alten Dom finde ich viel schöner als die modern___ Kirche.
b In den bunt___ Prospekten sieht die Stadt viel schöner aus.
c Die alt___ Kamera ist total schwer. Warum hast du denn nicht die neu___ mitgenommen?
d In dem schick___ Restaurant neben der Post würde ich auch gern essen.
e Hast du das nett___ Café gesehen? Da können wir nach der Führung hingehen.
f Warum hast du denn die teur___ Postkarten gekauft?
g Wie findest du denn das grün___ Haus mit dem klein___ Turm da vorne?
h In der klein___ Kirche waren wir doch schon.

BASISTRAINING

KB 5 **8** **Ergänzen Sie.**

STRUKTUREN

Hallo Sara,
viele (a) Grüße aus dem schönen (b) Wien.
Die Stadt ist toll. Am erst___ (c) Tag habe ich einen lang___ (d) Rundgang durch das Zentrum gemacht. Der Stadtführer war ein total lustig___ jung___ (e) Wiener. Die alt___ (f) Häuser hier finde ich besonders schön. Ich habe auch eine nett___ (g) Schifffahrt auf der schön___ blau___ (h) Donau gemacht. Gestern Abend war ich im berühmt___ (i) Burgtheater. Die Schauspieler waren wirklich toll! Leider habe ich keine billig___ (j) Unterkunft gefunden. Das Hotel liegt auch noch in einem ziemlich langweilig___ (k) Stadtviertel. Aber sonst ist es hier toll. Ich hoffe, Du hast auch schön___ (l) Ferien. Bis bald! Astrid

KB 7 **9** **Ergänzen Sie die Gespräche.**

KOMMUNIKATION

gefällt dir bestimmt | ist wirklich beeindruckend | ~~doch später auch noch~~ | meistens mit einem Besuch | einverstanden | zeigst du ihr nicht | wollen wir nicht zuerst | machen wir es

a ■ Wollen wir am Samstagabend ins Kino gehen?
▲ Das ist eine gute Idee. Aber ___________ (a) essen gehen? Ins Kino können wir doch später auch noch (b) gehen.
■ Ja, gut, ___________ (c) so. Gehen wir erst in ein Restaurant. Das „Roma" ist gut. Das ___________ (d) auch.
▲ Okay, ___________ (e).

b ● Am Wochenende kommt eine Freundin zu Besuch. Was soll ich nur mit ihr machen?
▲ Warum ___________ (f) den Fernsehturm? Das mache ich ___________ (g).
● Ja, das ist eine gute Idee. Der Blick von dort oben ___________ (h).

KB 8 **10** **Ideen für einen Ausflug vorschlagen**

SCHREIBEN

Sie haben einer Freundin / einem Freund eine E-Mail geschrieben. Sie/Er hat Ihnen geantwortet:

Au ja. Lass uns einen Ausflug machen. Wir können gleich nächsten Samstag fahren. Wohin sollen wir fahren?

a Sie haben Ihre Antworten auf einem Zettel notiert. Was möchten Sie wann machen? Ordnen Sie zu.

(a) einen Rundgang durch die Altstadt machen
(b) in einem typischen Restaurant essen
(c) mit dem Zug nach Salzburg fahren
(d) wieder nach Hause fahren
(e) eine Schifffahrt auf dem Fluss Salzach machen

Am Samstagmorgen c
Zuerst ___
Mittags ___
Am Nachmittag ___
Am Abend ___

b Schreiben Sie nun eine Antwort. Was möchten Sie machen?

Liebe/Lieber …
Du hast nächsten Samstag Zeit. Das ist super.
Wir können am Samstagmorgen mit dem Zug …

▶ 1 17 – 20

1 Radiotipps

a Lesen Sie die Anzeigen und hören Sie dann. Welcher Tipp passt? Ordnen Sie zu.

Anzeige	A	B	C	D
Tipp				1

(A)

Ab 15. April wieder täglich: Mit dem Schiff durch die Berliner Innenstadt.

(B)

Badeschiff Berlin

Besuchen Sie uns!

(C)

Was spielen die Kinder in Asien?

Asien

Eine Erlebnisausstellung für Kinder von 4 bis 10 Jahren im Ethnologischen Museum.

(D)

Berliner Historie erleben: Mauer, Tunnel und Museum.

MAUERTOUR

b Hören Sie noch einmal. Was ist richtig? Kreuzen Sie an.

1
- ◯ Die Führung findet zweimal am Tag statt.
- ◯ Die Führung kostet 9 Euro.

2
- ◯ Die Fahrt beginnt am Dom.
- ◯ Kinder bezahlen 14 Euro.

3
- ◯ Es gibt eine Kinderbetreuung.
- ◯ Das Museum ist am Wochenende geschlossen.

4
- ◯ Das Schiff ist das ganze Jahr geöffnet.
- ◯ Auf dem Schiff gibt es eine Bar.

▶ 1 21

2 Ein Wochenende in Berlin

a Was möchte das Ehepaar machen? Hören Sie das Gespräch und kreuzen Sie an.

1 sich auf dem Badeschiff erholen ◯
2 die Mauertour mitmachen ◯
3 gemütlich frühstücken ◯
4 in eine Bar gehen ◯
5 die Stadt besichtigen ◯
6 eine Schifffahrt machen ◯
7 ins Museum gehen ◯

TIPP: Alle Aktivitäten können im Hörtext vorkommen. Achten Sie auf Negationen wie „Das ist nicht so gut." oder „Das wird zu viel."

b Was möchte das Paar wann machen? Hören Sie noch einmal und ordnen Sie aus **a** zu.

Samstag			Sonntag	
Vormittag	Nachmittag	Abend	Vormittag	später
		1		

TEST

1 Ordnen Sie zu.

Wörter

Sehenswürdigkeiten | ~~Kamera~~ | Ferien | Geld | Reiseführerin | Touristen | Stadtrundgang | Postkarte

Liebe Charlotte,
was? Du hast die Kamera (a) im Dom liegen lassen? Du bist ja echt verrückt. Wir machen gerade ______________ (b) in Basel. Natürlich haben wir wie alle ______________ (c) einen ______________ (d) gemacht. Die ______________ (e) hat uns in zwei Stunden die wichtigsten ______________ (f) gezeigt. War ganz interessant. Zum Glück war mein Cousin David dabei. Er studiert hier und kennt die wirklich interessanten Ecken von Basel. Ich habe schon viele Sachen eingekauft. Jetzt habe ich fast kein ______________ (g) mehr. Weißt Du was? Ich würde gern mal wieder eine richtige ______________ (h) bekommen. Schreibst Du mir eine aus Köln?
Dickes Bussi zurück!
Vicky

_ / 7 Punkte

2 Basel an einem Tag. Ergänzen Sie die Endung.

Strukturen

„Besuchen Sie das berühmte (a) Münster mit dem bunt__ (b) Dach. Dann gehen Sie zum Marktplatz, dort ist das rot__ (c) Rathaus. Interessieren Sie sich für Kunst? Hier gibt es fast 40 Museen! Sehr bekannt ist das Museum für Gegenwartskunst mit den modern__ (d) Bildern. Besichtigen Sie aber auch die wunderbar__ (e) Häuser und die alt__ (f) Stadtmauer im Stadtteil St. Alban. Sehenswert sind die vielen Plätze und die grün__ (g) Parks. Die jung__ (h) Leute treffen sich am Rheinufer. Auf dem beliebt__ (i) Platz ist immer etwas los."

_ / 8 Punkte

3 Was sagen die Personen? Ergänzen Sie.

Kommunikation

- ■ Hallo, David. Gehen wir heute Abend zuerst ins Kino und d _ _ _ _ _ (a) in den neuen Jazz-Club?
- ▲ Hi, Alessandro. K _ _ _ _ _ wir nicht a _ _ _ (b) nächste Woche gehen? Ich habe gerade Besuch von meiner Cousine Maria und ihrer Familie. Wir wollen heute eine Hafenrundfahrt machen. Du kannst ja mitkommen. Das g _ _ ä _ _ _ dir s _ c h _ _ (c).
- ■ Gern, das ist eine g _ _ _ I _ _ _ (d). Dann können wir auch die Dreiländerbrücke ansehen. Die ist w _ r k _ _ _ _ b _ e i _ _ _ _ c _ _ _ _ (e). Wo treffen wir uns?
- ▲ Um drei am Hafen?
- ■ E _ _ v _ _ _ _ _ _ _ _ _ (f)! Das w _ _ _ b _ _ _ _ _ _ _ lustig (g)!

_ / 7 Punkte

Wörter	Strukturen	Kommunikation
🔴 0–3 Punkte	🔴 0–4 Punkte	🔴 0–3 Punkte
🟡 4–5 Punkte	🟡 5–6 Punkte	🟡 4–5 Punkte
🟢 6–7 Punkte	🟢 7–8 Punkte	🟢 6–7 Punkte

www.hueber.de/menschen-hier

LERNWORTSCHATZ

1 Wie heißen die Wörter in Ihrer Sprache? Übersetzen Sie.

Tourismus

Besuch der, -e ______
Club der, -s ______
Ferien die (Pl.) ______
Führung die, -en ______
Kamera die, -s ______
Mauer die, -n (Stadtmauer) ______
Prospekt der, -e ______
Reiseführer der, - (Person und Buch) ______
Rundgang der, ¨-e ______
Sehenswürdigkeit die, -en ______
Tourist der, -en ______
Trinkgeld das, -er ______
Unterkunft die, ¨-e ______

besichtigen, hat besichtigt ______
interessieren (sich), hat (sich) interessiert ______
wechseln, hat gewechselt ______
Geld wechseln ______
zeigen, hat gezeigt ______

berühmt ______
geöffnet/offen ______

Weitere wichtige Wörter

Nachricht die, -en ______
Postkarte die, -n ______
Supermarkt der, ¨-e ______
Wunsch der, ¨-e ______

ab·geben, hat abgegeben ______
ärgern (sich), hat (sich) geärgert ______
dafür sein, war dafür, ist dafür gewesen ______
dagegen sein, war dagegen, ist dagegen gewesen ______
freuen (sich), hat (sich) gefreut ______

bunt ______
einverstanden ______
schick ______

bestimmt ______
meistens ______
später ______

> **TIPP** Schreiben Sie die Buchstaben eines Wortes untereinander. Finden Sie Wörter zu einem Thema.

T rinkgeld
O ffen
U nterkunft
R undgang
I nteressieren
S ehenswürdigkeit
T axi

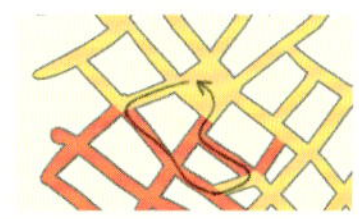

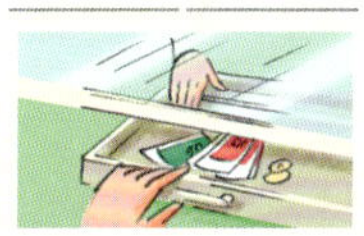

2 Welche Wörter möchten Sie noch lernen? Notieren Sie.

______
______
______

Meine Lieblingsveranstaltung

KB 3 **1** **Welcher Begriff passt zu den Situationen? Hören Sie und nummerieren Sie.**

▶ 1 22

HÖREN

◯ Festival

◯ Vortrag

(1) Ermäßigung

◯ Theaterstück

KB 3 **2** **Was passt nicht? Streichen Sie das falsche Wort durch.**

WÖRTER

a Eintritt – ~~Star~~ – Ermäßigung – Kinokarte
b Theaterstück – Bühne – Kostüm – Ausstellung
c Künstler – Feuer – Kunst – Ausstellung
d Unterkunft – Vortrag – Diskussion – Veranstaltung

KB 4 **3** **Ordnen Sie zu.**

WIEDERHOLUNG STRUKTUREN

ab | am | am | am | für | in | nach | nach | ~~vor~~

Lieber Antonio,
ich schaffe es ________ (a) Freitag leider doch nicht. Können wir unser Treffen verschieben? Vor (b) dem Handballtraining habe ich noch einen Termin beim Zahnarzt. Und abends ________ (c) dem Training muss ich noch packen. Denn ________ (d) Samstag fahre ich ________ (e) zwei Wochen in Urlaub. Und ________ (f) dem Urlaub bin ich dann geschäftlich in London. Ich kann also leider erst wieder ________ (g) drei Wochen. Vielleicht ________ (h) Dienstag so ________ (i) 20.00 Uhr? Wie sieht es bei Dir aus?
Viele Grüße
Konrad

KB 4 **4** **Was passt? Ordnen Sie zu.**

STRUKTUREN

a Wie lange machst du Urlaub?	Nein, erst seit Sommer.
b Ab wann kommen deine Eltern zu Besuch?	Seit einem Jahr.
c Seit wann lernst du Deutsch?	Vom 15. August an.
d Dein erster Konzertbesuch: Wie lange ist das her?	Vom 21. Mai bis zum 9. Juni.
e Arbeitest du schon lange hier in der Firma?	Über 8 Jahre.

KB 4 **5** **Schreiben Sie Fragen wie in 4. Geben Sie Ihrer Partnerin / Ihrem Partner die Fragen. Sie/Er antwortet.**

Seit wann bist du verheiratet? — Seit 3 Jahren.
Wie lange ________________________?
Wann ________________________?
Ab wann ________________________?

KB 4 **6** **Ergänzen und vergleichen Sie.**

STRUKTUREN

	Deutsch	Englisch	Meine Sprache oder andere Sprachen
Seit wann? / Zeitraum	Ich lerne ________ einem Jahr Deutsch.	I have been learning German **for** one year.	
Seit wann? / Zeitpunkt	Ich wohne ________ 2012 in Madrid.	I have lived in Madrid **since** 2012.	

KB 4 **7** **Was ist richtig? Kreuzen Sie an.**

STRUKTUREN

■ Fährst du eigentlich dieses Jahr wieder nach Frankreich?
▲ Ja, ☒ in ◯ vor (a) vier Monaten fahre ich nach Lyon.
■ Und was machst du dort?
▲ Ich mache ◯ seit ◯ für (b) zwei Wochen einen Französischkurs.
■ Warst du da nicht schon ◯ im ◯ am (c) letzten Jahr?
▲ Ja, das mache ich schon ◯ vor ◯ seit (d) drei Jahren jeden Sommer. Es macht großen Spaß. Vormittags haben wir Unterricht und ◯ über ◯ nach (e) dem Unterricht gibt es noch ein interessantes Freizeitprogramm mit Ausflügen und Veranstaltungen. Und wohin fährst du im Sommer?
■ Ich fahre ◯ am ◯ im (f) August zu meinen Eltern nach Portugal. Ich war ◯ vor ◯ seit (g) drei Jahren nicht mehr bei ihnen.
▲ Portugal ist toll. Ich war auch schon einmal dort. Aber das ist schon ◯ in ◯ über (h) zehn Jahre her.
■ Na, dann komm doch nächstes Jahr mit nach Portugal.

KB 4 **8** **Ordnen Sie zu. Hilfe finden Sie in 7.**

STRUKTUREN ENTDECKEN

für | in | nach | seit | über | ~~vor~~

a **temporale Präpositionen + Dativ**
vor, ______________________ + einem Monat / einem Jahr / einer Woche / zwei Jahren

b **temporale Präpositionen + Akkusativ**
______________________ + einen Monat / ein Jahr / eine Woche / zwei Jahre

KB 4 **9** **Ergänzen Sie.**

STRUKTUREN

a ■ Wie lange wohnst du schon in der WG? ▲ Seit drei Jahren (3 Jahre).
b ■ Für wie lange möchtest du in Europa bleiben? ▲ Für ______________ (1 Jahr).
c ■ Wann beginnt dein Deutschkurs? ▲ In ______________ (1 Monat).
d ■ Wann hast du geheiratet? ▲ Vor ______________ (10 Jahre).
e ■ Wie lange dauert die mündliche Prüfung? ▲ Über ______________ (1 Stunde).
f ■ Wie lange ist die Ausstellung in Berlin?
▲ Vom ______________ bis ______________ (01.–31. Juli).
g ■ Ab wann studiert deine Freundin in Paris? ▲ Vom ______________ an (01. September).

KB 6 **10** **Ergänzen Sie.**

KOMMUNIKATION

ich etwas vorschlagen | Das machen wir | ~~Habt ihr einen Vorschlag~~ | Ich bin dagegen | treffen wir uns morgen | Was haltet ihr davon | Wie wäre es mit morgen

- ■ Wollen wir mit dem Deutschkurs nicht mal wieder eine Veranstaltung besuchen?
- ▲ Ja, gute Idee. Habt ihr einen Vorschlag?
- ● Wir können zu einer Lesung gehen.
- ■ Ach nein, das finde ich noch zu schwer. ______________ (a).
- ■ Darf ______________ (b)? Wir können doch ins Kino gehen. Es läuft gerade der deutsche Film „Männerherzen".
- ▲ Einverstanden! ______________ (c)?
- ■ Das finde ich super. Wann denn?
- ● Um 19 Uhr. ______________ (d)?
- ▲ Ja, okay. ______________ (e). Wollen wir zusammen hinfahren oder wollen wir uns vor dem Kino treffen?
- ■ Ich würde mich lieber direkt vor dem Kino verabreden. Ich wohne da in der Nähe.
- ▲ Okay, dann ______________ (f) um 18.45 Uhr vor dem Kino. Ich bestelle die Eintrittskarten.

KB 7 **11** **Was ist richtig? Hören Sie und kreuzen Sie an.**

▶ 1 23

HÖREN

a Sandra fährt am übernächsten Wochenende ○ nach London. ⊗ nach Barcelona.
b Sie besucht ○ einmal ○ zweimal im Jahr zusammen mit alten Schulfreunden eine Stadt in Europa.
c ○ Vor 6 Jahren ○ Vor 8 Jahren waren sie in London.
d Sandra fährt ○ das erste Mal ○ das zweite Mal nach Barcelona.
e Das Sónar Festival ist ein berühmtes ○ Musikfestival. ○ Theaterfestival.
f Es findet immer ○ im Sommer ○ im Herbst statt.

TRAINING: LESEN

1 Veranstaltungen

Lesen Sie die Aufgaben a bis e und die Anzeigen 1 bis 6.
Welche Anzeige passt zu welcher Situation?
Für eine Situation gibt es keine passende Anzeige. Schreiben Sie hier den Buchstaben X.

a Sie gehen gern ins Stadtmuseum, aber 6 Euro Eintritt pro Besuch finden Sie zu teuer.
b Sie möchten eine Stadtführung machen.
c Sie möchten Karneval feiern.
d Sie möchten wissen: Welche Veranstaltungen finden in den Museen statt?
e Sie finden Vorträge über Kunst interessant. Denn Sie möchten mehr über Kunst wissen.

TIPP: Lesen Sie zuerst die Situationen genau. Markieren Sie wichtige Wörter wie z. B. „Stadtmuseum“, „Eintritt“. Suchen Sie dann die passenden Anzeigen.

Situation	a	b	c	d	e
Anzeige	6				

1
ROSENMONTAG
Karnevalsparty
ab 21.00 Uhr
mit Kostüm ist der Eintritt frei
Nachtcafé

2
Swing Tanzparty
Jeden 1. Montag,
20.00 Uhr,
im Festspielhaus
Eintritt: 5 Euro

3
KUNST DER MODERNE
Vortrag mit Diskussion
Karten (12 Euro)
unter 0871/2331907
Studentenermäßigung

4
Meine Stadt
Die Arbeiten von verschiedenen Künstlern kann man bis 3. März von 16 bis 19 Uhr besichtigen
GALERIE MODERN

5
Museumsportal Dresden
www.museen.de
Museen
Führungen
Veranstaltungen
Infos & Online-Tickets

6
Stadtmuseum
Kaufen Sie eine Jahreskarte für 25 Euro und besuchen Sie uns, so oft Sie wollen!
An Führungen und Veranstaltungen nehmen Sie kostenlos teil.
Infos unter Tel. 013 / 234590
und an der Kasse

2 Lesen Sie die Anzeigen noch einmal und kreuzen Sie an.

		richtig	falsch
1	Die Karnevalsparty ist am Montag.	◯	◯
2	Die Tanzparty findet einmal im Monat statt.	◯	◯
3	Die Karten für den Vortrag kosten für alle 12 Euro.	◯	◯
4	Die Ausstellung beginnt am 3. März.	◯	◯
5	Eintrittskarten kann man über das Internet kaufen.	◯	◯
6	Mit einer Jahreskarte muss man für Veranstaltungen nichts bezahlen.	◯	◯

TEST

1 Bilden Sie Wörter und ordnen Sie zu.

WÖRTER

Eintritts | ~~lung~~ | Ermä | sionen | ler | Veran | Künst | karte | ßigung | Kunst | Diskus | staltungen | ~~Ausstel~~

■ Kennst du die „documenta"?
▲ Ja, das ist eine bekannte Ausstellung (a) für moderne ________ (b) in Kassel. Sie dauert 100 Tage. Und es gibt viele ________ (c), wie zum Beispiel Filme, Konzerte, Vorträge oder ________ (d). Dort kannst du auch die ________ (e) treffen.
■ Toll, das möchte ich sehen. Was kostet eine ________ (f)?
▲ Ungefähr 20 Euro, aber du bist doch Student, da bekommst du eine ________ (g).

_ / 6 PUNKTE

2 Ergänzen Sie *von ... an, von ... bis, seit*.

STRUKTUREN

a Die „documenta" findet alle fünf Jahre von Juli bis September statt. (Juli – September)
b Meine Kollegin ist ________ krank. (Mittwoch)
c Mein Nachbar will ________ nicht mehr rauchen. (Januar)
d Ich brauche das Auto ________. (Dienstag – Sonntag)
e Wir leben ________ in Deutschland. (Februar 1989)
f Ich kaufe mir im Dezember noch eine Fahrkarte. ________ kostet sie mehr. (Januar)

_ / 5 PUNKTE

3 Ordnen Sie zu.

KOMMUNIKATION

etwas vorschlagen | hältst du davon | das passt | treffen wir uns | vielleicht mitkommen | eine gute Idee | nicht so gut

■ Hallo, Anna, ich fahre am Mittwoch mit Tom zur „documenta". Möchtest du ________ (a)?
▲ Sehr gern. Fahrt ihr mit dem Zug?
■ Tom will mit dem Auto fahren. Das finde ich aber ________ (b).
▲ Darf ich ________ (c)? Mit dem Zug ist es viel billiger. Dann können wir ein Gruppen-Ticket kaufen.
■ Das ist ________ (d). Ich glaube, das ist auch für Tom in Ordnung. Warte einen Moment, ich gucke schnell im Internet. Hier ist ein Zug um 6.50 Uhr. Was ________ (e)?
▲ Einverstanden.
■ Dann ________ (f) am Gleis 5.
▲ Okay, ________ (g). Bis Mittwoch.

_ / 7 PUNKTE

Wörter		Strukturen		Kommunikation	
🔴	0–3 Punkte	🔴	0–2 Punkte	🔴	0–3 Punkte
🟡	4 Punkte	🟡	3 Punkte	🟡	4–5 Punkte
🟢	5–6 Punkte	🟢	4–5 Punkte	🟢	6–7 Punkte

www.hueber.de/menschen-hier

LERNWORTSCHATZ

1 Wie heißen die Wörter in Ihrer Sprache? Übersetzen Sie.

Veranstaltungen
Bühne die, -n ______
Diskussion die, -en ______
Eintritt der, -e ______
Ermäßigung die, -en ______
Festival das, -s ______
Karte die, -n ______
Eintrittskarte die ______
Kinokarte die ______
Kostüm das, -e ______
Kunst die, ¨-e ______
Künstler der, - ______
Veranstaltung die, -en ______
Vortrag der, ¨-e ______

erleben, hat erlebt ______
statt·finden, hat stattgefunden ______
zahlen, hat gezahlt ______

spannend ______

Verabredungen
Vorschlag der, ¨-e ______

aus·machen, hat ausgemacht ______
halten von, du hältst von, er hält von, hat gehalten
hin ______
hin·fahren, du fährst hin, er fährt hin, ist hingefahren ______
lassen, du lässt, er lässt, hat gelassen ______
Lass uns … ______
mit·kommen, ist mitgekommen ______
verabreden sich, hat sich verabredet ______
vor·schlagen, du schlägst vor, er schlägt vor, hat vorgeschlagen ______

prima ______

Zeiträume
über ______
vom … bis zum … ______
von … an ______

Weitere wichtige Wörter
Feuer das, - ______
Mal das, -e ______
das erste Mal ______

da ______
dort ______
genau ______
mal ______
ziemlich ______
zusammen ______

TIPP
Schreiben Sie wichtige Sätze auf und hängen Sie die Sätze in Ihrer Wohnung auf. Üben Sie.

______
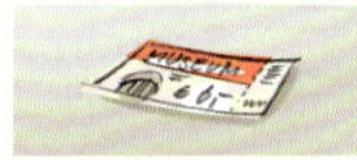
______

______

______

______

______

______

______

______

______

______

______

______

______

______

______

2 Welche Wörter möchten Sie noch lernen? Notieren Sie.

______
______

IM ALLTAG Einen Streckenplan verstehen

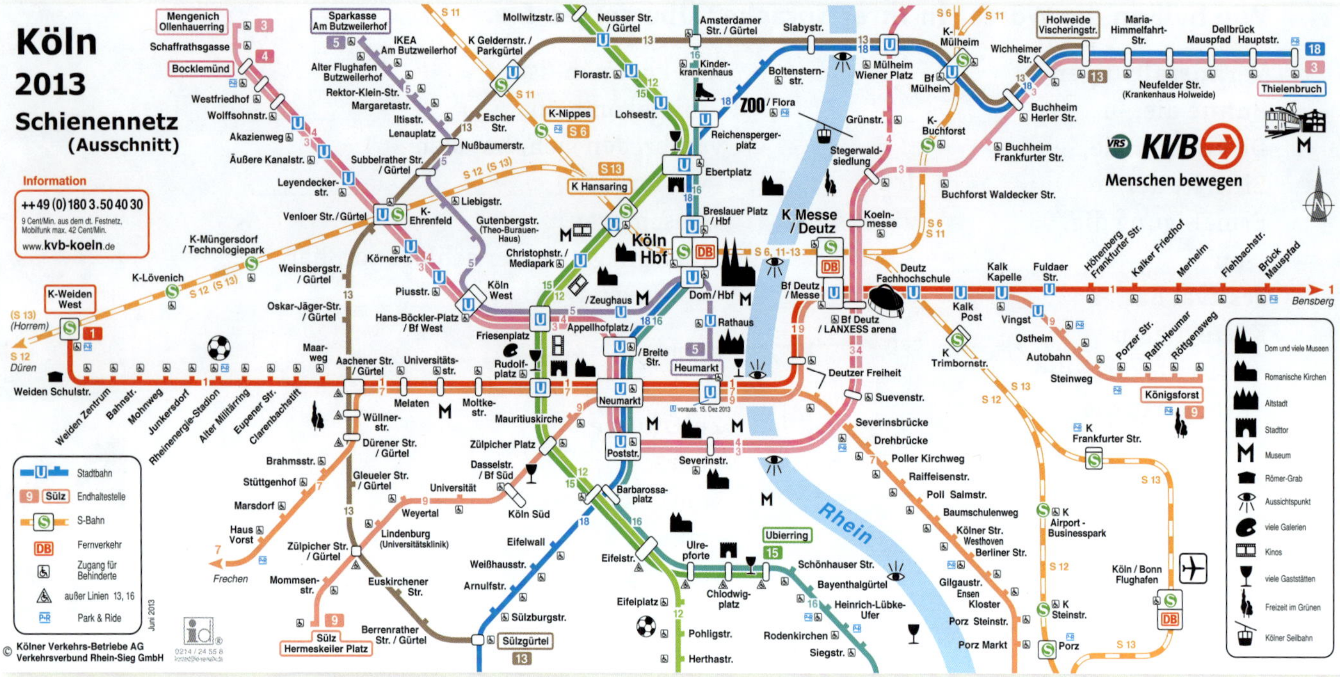

1 Suchen Sie im Plan.

a Mit welchen Linien kommt man zum Hauptbahnhof (= Hbf.)? U16, U18, ______

Mit welcher Linie kommt man

b ... zum Südstadion an der Pohligstraße? ______

c ... zum Rathaus? ______

d ... zum Flughafen Köln-Bonn? ______

2 Entschuldigung, wie kommen wir ...?

U12/U15 bis Ebertplatz, umsteigen U16/U18, dann bis Dom/Hbf.

a Notieren Sie die Verbindungen.

1 Herr Huang und Herr Li sind zu Besuch in Köln. Sie wohnen in einem Hotel in der Florastraße und möchten jetzt den Kölner Dom besuchen.
2 Herr und Frau Preslau haben sich die Altstadt angesehen. Jetzt sind sie am Rathaus und möchten zum Zoo.
3 Frau Lefevre aus Paris ist gerade am Hauptbahnhof angekommen. Sie muss zur Christophstraße, denn sie hat einen Geschäftstermin im Mediapark.
4 Herr Derin wohnt in Mühlheim und hat Besuch von Verwandten aus der Heimat. Heute möchte er mit ihnen die Altstadt besuchen und dort zuerst das Rathaus ansehen.
5 Maren und Juri waren im Museum für ostasiatische Kunst (Universitätsstraße). Jetzt möchten sie zum Heumarkt fahren, denn dort gibt es nette Restaurants.

b Wie können Sie den Personen aus a den Weg erklären?

KOMMUNIKATION

Ich muss/möchte nach/zu ...	Nehmen Sie am besten die ...
Wie komme ich am besten/schnellsten dorthin?	Fahren Sie am besten mit der ... bis ... (und steigen Sie dort in die ... um).

IN DER FAMILIE *Ein Abschnitt für die Schule*

1 Hat Ihr Kind mit der Klasse schon einmal einen Ausflug gemacht?
Wohin ist die Klasse gegangen/gefahren? Erzählen Sie.

Meine Tochter hatte letzten Monat Wandertag. Die Klasse ist aber nicht gewandert. Sie ist in den Zoo gegangen.

2 Lesen Sie die ersten drei Sätze. Wohin geht die Klasse 3a?

◯ In den Stadtpark. ◯ Ins Schwimmbad.

Liebe Eltern der Klasse 3a,

am Montag, dem 3.6., haben wir Wandertag. Ich möchte mit den Kindern einen Ausflug ins Schwimmbad am Stadtpark machen. Dieser Tag ist ein normaler Schultag, alle müssen teilnehmen. Wer nicht kommt, braucht eine Entschuldigung. Wir treffen uns um 8 Uhr in der Klasse und sind um 13 Uhr wieder zurück. Den Eintritt bezahlen wir aus der Klassenkasse.

Bitte geben Sie den Kindern folgende Dinge mit:

- Badekleidung
- Handtuch
- Sonnencreme
- ein Frühstück (mit Getränk!)

Die Kinder dürfen gern ein Schwimmtier oder einen Wasserball mitbringen.

Handys müssen auch an diesem Tag zu Hause bleiben!

Haben Sie vielleicht Zeit und möchten mitkommen? Wir würden uns freuen!

Bitte füllen Sie den unteren Abschnitt aus und geben Sie ihn Ihrem Kind bis zum 30.5. mit.

Viele Grüße

Anne Götz, Klassenlehrerin

✂ -

Mein Kind (Vorname, Nachname) ____________________ darf am 3.6. baden.

Mein Kind kann schwimmen: ◯ Ja ◯ Nein

Ich kann mitkommen: ◯ Ja (Name des Elternteils) ____________________ ◯ Nein

Unterschrift der Eltern: ____________________

3 Lesen Sie nun den ganzen Brief. Korrigieren Sie die Sätze.

a Die Kinder dürfen an diesem Tag ~~ohne~~ Entschuldigung zu Hause bleiben. *nur mit*

b Die Kinder müssen Eintrittsgeld für das Schwimmbad mitbringen. ____________

c Ein Schwimmtier dürfen die Kinder nicht mitbringen. ____________

d Die Freunde dürfen auch mitkommen. ____________

e Die Eltern sollen den Abschnitt bis zum 3.6.20.. ausfüllen. ____________

4 Füllen Sie den Abschnitt in 2 für Frau Delikan aus.

Ich heiße Fatma Delikan. Meine Tochter Gamze freut sich schon sehr auf den Wandertag. „Mama, darf ich auch baden?“, hat sie mich gestern gefragt. Natürlich, ich bin nicht dagegen. Die Kinder haben bestimmt viel Spaß im Schwimmbad. Gamze hat vor zwei Jahren schwimmen gelernt, sie hat sogar das „Seepferdchen“. Am 3. Juni arbeite ich bis 12 Uhr. Danach kann ich Gamze abholen. Bestimmt möchte sie mir dann ganz viel erzählen.

IM BERUF *Einen Urlaubsantrag stellen*

1 Sehen Sie den Urlaubsantrag von Herrn Klein an und ergänzen Sie.

a Wie viele Urlaubstage hat Herr Klein pro Jahr? ______

b Wie viele Urlaubstage hat er noch aus dem letzten Jahr? 2

c Wie viele Urlaubstage hat er in diesem Jahr schon genommen? ______

d Von wann bis wann beantragt er Urlaub? ______

e Wie viele Arbeitstage sind in diesem Urlaub? ______

f Wie viele Urlaubstage bleiben nach diesem Urlaub übrig? ______

Urlaubsantrag **Urlaubsjahr 20..**

Name, Vorname: *Klein, Arno*

Personalnummer: *3928*

Urlaubsanspruch insgesamt: *25* Tage

Resturlaub aus dem Vorjahr: *2* Tage

bereits genommen: *0* Tage

geplanter Urlaub: von (1. Urlaubstag) *03.02.20..* bis (letzter Urlaubstag) *14.02.20..*

= Arbeitstage: *10*

verbleibender Urlaub: *17* Tage

MaloTex GmbH

Name, Vorname: Klein, Arno

Personalnummer: 3928

09.01.20..	*Arno Klein*	______	______
Datum (Antrag)	Unterschrift (Antragsteller)	Datum (genehmigt)	Unterschrift (genehmigt)

2 Füllen Sie den Urlaubsantrag für Frau Tran aus.
Sehen Sie auch in den Kalender rechts.

Frau Tran möchte ihre Familie in Vietnam besuchen. Sie kann 25 Arbeitstage Urlaub pro Jahr nehmen. In diesem Jahr hat sie noch keinen Urlaub genommen. Aus dem letzten Jahr hat sie fünf Tage Resturlaub. Sie fliegt am 5. Februar ab und nimmt ab 3. Februar Urlaub. Ab 19. Februar möchte sie wieder arbeiten.

Urlaubsantrag **Urlaubsjahr 20..**

Name, Vorname: ______

Personalnummer: ______

Urlaubsanspruch insgesamt: ______ Tage

Resturlaub aus dem Vorjahr: ______ Tage

bereits genommen: ______ Tage

geplanter Urlaub: von (1. Urlaubstag) ______ bis (letzter Urlaubstag) ______

= Arbeitstage: ______

verbleibender Urlaub: ______ Tage

MaloTex GmbH

Name, Vorname: Tran, Thi Hanh

Personalnummer: 4935

09.01.20..	*Thi Hanh Tran*	______	______
Datum (Antrag)	Unterschrift (Antragsteller)	Datum (genehmigt)	Unterschrift (genehmigt)

FEBRUAR

Sa	1
So	2
Mo	3
Di	4
Mi	5
Do	6
Fr	7
Sa	8
So	9
Mo	10
Di	11
Mi	12
Do	13
Fr	14
Sa	15
So	16
Mo	17
Di	18
Mi	19
Do	20
Fr	21
Sa	22
So	23
Mo	24
Di	25
Mi	26
Do	27
Fr	28

Urlaub Herr Klein (3.–14.)

WORTSCHATZ

Antrag der, ⸚e
  Urlaubsantrag der, ⸚e
beantragen, hat beantragt
  Urlaub beantragen
genehmigen, hat genehmigt
Personalnummer die, -n
übrig
  übrig bleiben

WIEDERHOLUNGSSTATION: WORTSCHATZ

1 Lösen Sie das Rätsel und finden Sie das Lösungswort.

a Die Milch hat nur 1,5 % Fett, sie ist … _ _ _ _ _ _ _ (7)

b Hier schreibe ich auf: Das muss ich einkaufen. _ _ _ _ _ _ _ _ _ _ _ _ _ _ (2)

c Ein Kilo sind zwei … _ _ _ _ _ (3)

d Es ist weiß. Man macht es aus Milch. _ _ _ _ _ (9)

e Man isst es zum Frühstück mit Brot, es ist süß. _ _ _ _ _ _ _ _ _ (5)

f Gegenteil von „satt“. _ _ _ _ _ _ _ (8)

g Cola gibt es in der Flasche oder in der … _ _ _ _ (4)

h Ein Getränk, zum Beispiel aus Äpfeln oder Birnen. _ _ _ _ (10)

i Das brauchen Bäcker für das Brot. _ _ _ _ (6)

j So nennt man Tomaten, Bohnen, Paprika, Zwiebeln … _ _ _ _ _ _ (1)

Lösungswort:

1	2	3	4	5	6	7	8	9	10
_	_	_	_	R	_	_	_	_	_

2 Was für ein Tag! Ergänzen Sie das Gegenteil.

Jeden Tag hat unsere Post bis 18 Uhr geöffnet, nur heute nicht, da war sie schon um 16 Uhr geschlossen (a). Im Supermarkt habe ich kein mageres, sondern nur ______________ (b) Fleisch bekommen. Auch das Gemüse war schon alt und nicht mehr ______________ (c). In der Bäckerei waren die Brötchen hart und nicht ______________ (d). Ich habe mich geärgert und bin ins Kino gegangen. Doch der Film war sehr langweilig und überhaupt nicht ______________ (e)!

3 Nach dem Studium. Ordnen Sie zu.

Reiseführer | ~~Club~~ | Trinkgeld | Kunst | Touristen | Unterkunft | Sehenswürdigkeiten

■ Hallo, Julia. Was machst du nach den Prüfungen? Fängst du gleich bei einer Firma an?
▲ Nein. Ich gehe zuerst für ein paar Monate ins Ausland. Ich habe einen Job in einem Club (a) in Portugal.
■ Toll! Was verdienst du dort?
▲ Nicht so viel, aber die ______________ (b) ist kostenlos und ich bekomme hoffentlich viel ______________ (c).
■ Das klingt gut. Ich würde am liebsten mitkommen.
▲ Oh ja, lass uns doch zusammen hinfahren! Dort suchen sie auch ______________ (d). Du hast doch ______________ (e) studiert.
■ Den ______________ (f) die ______________ (g) zeigen? Das würde ich gern machen. Kannst du mir die Adresse geben? Dann bewerbe ich mich gleich.
▲ Ich hoffe, es klappt!

WIEDERHOLUNGSSTATION: GRAMMATIK

1 Quiz: Kennen Sie Deutschland, Österreich und die Schweiz?

Ergänzen Sie die Adjektivendungen und beantworten Sie dann die Fragen.

a Wo steht der berühmte Dom mit dem bunten Dach? Wien

b In welcher Stadt steht das bekannt__ Grossmünster mit den zwei groß__ Türmen?
____

c Kennen Sie das berühmt____ Schloss von König Ludwig II.? Wie heißt es?
____

d Wo steht das bunt____ Haus von Friedensreich Hundertwasser?
____
Der Künstler hat auch in anderen Städten bunt____ Häuser gebaut.

e Albert Einstein hat an einer berühmt____ Universität studiert. Wo ist sie?
____

f Haben Sie in Berlin schon einmal in einem groß____ schick____ Hotel übernachtet? Eines steht in der Nähe vom Brandenburger Tor? Wie heißt es? ____________________

g In welcher Stadt können Sie einen 368 Meter hoh____ Fernsehturm besichtigen?
____

h In welcher Stadt kann man bei einer Hafenrundfahrt groß____ Containerschiffe und die neu____ Hafencity sehen? ____________________

i In welcher Stadt findet am erste__ Januar das berühmt__ Neujahrskonzert statt?
____

j Kennen Sie den 536 Quadratkilometer groß______ See? Er liegt zwischen Deutschland Österreich und der Schweiz. ____________________

Lösung:
b Zürich c Schloss Neuschwanstein d Wien e Zürich (ETH = Eidgenössische Technische Hochschule Zürich) f Hotel Adlon g Berlin h Hamburg i Wien j Bodensee

2 Ordnen Sie zu.

am | seit | über | ~~vom … bis zum~~ | von … bis | vom … an

a

Wir sind vom 1. Juli
bis zum
15. Juli in Urlaub.
__________ 16.
Juli __________
haben wir wieder täglich __________
9.00 ________ 17.00 Uhr für Sie geöffnet.

b

__________ 10 Jahren
sind wir in unserem Reisebüro in
der Winterstraße für Sie da.
Das wollen wir __________ 15. Mai
mit Ihnen feiern. Kommen Sie zu uns.
Tolle Angebote warten auf Sie.

c

__________ 2 Wochen Wartezeit für
einen Termin bei Ihrem Friseur?
Bei uns brauchen Sie keinen Termin.
Kommen Sie einfach vorbei.

TRAINING: AUSSPRACHE

Akzent und Rhythmus – Lektion 4

▶ 1 24 **1 Hören Sie. Hören Sie dann noch einmal und brummen oder klopfen Sie mit.**

einen milden Käse – einen mageren Schinken – grüne Bohnen – ein weich gekochtes Ei – eine warme Milch – einen grünen Tee – ein helles Brötchen – harte Birnen

▶ 1 25 **2 Hören Sie die Gespräche.**

a ■ Ich hätte gern einen milden Käse.
▲ Möchten Sie lieber einen weichen Käse oder einen harten?
b ■ Ich hätte gern einen mageren Schinken.
▲ Soll es ein roher Schinken sein oder ein gekochter?
c ■ Möchtest du ein weich gekochtes Ei?
▲ Oh ja. Weich gekochte Eier esse ich gern.
■ Wirklich? Ich nicht. Ich möchte lieber ein hart gekochtes Ei.

▶ 1 26 Hören Sie noch einmal und sprechen Sie nach.

„sch", „st" und „sp" – Lektion 5

▶ 1 27 **1 Hören Sie und sprechen Sie nach.**

a Schaut mal, das schöne Schloss!
b Eine Schifffahrt auf dem Rhein ist schön.
c Das Römisch-Germanische Museum ist heute leider geschlossen.

▶ 1 28 **2 Wo hören Sie auch „sch"?**
Kreuzen Sie an und ergänzen Sie die Regel.

der Prospekt ○ der Spaß ○ später ○
spielen ○ die Stadt ○ das Kloster ○
der Tourist ○ die Ausstellung ○

REGEL
Am Wort- und Silbenanfang spricht man „sch" und schreibt ________________.

3 Ergänzen Sie „s" oder „sch".
Lesen Sie laut.

a ■ Ha___t du Lu___t? Wir gehen in einen ___icken Club. Das macht be___timmt ___paß!
▲ Einver___tanden!
b Oma ___reibt eine Po___tkarte: „Eine ___ifffahrt, die i___t lu___tig, eine ___ifffahrt, die i___t ___ön …"
c Die ideale ___tadtbesichtigung? Zuer___t Kirchen mit bunten Fen___tern, dann ein Ausflug mit dem ___iff und zum ___luss Essen in einem ___icken Re___taurant.

▶ 1 29 Hören Sie dann und vergleichen Sie.

TRAINING: AUSSPRACHE

„f", „v" und „w" – Lektion 6

▶ 1 30 **1 Hören Sie und sprechen Sie nach.**

a Feuer – Fest – fantastisch
b Vortrag – Veranstaltung – verabreden
c Karneval – Event – Video
d Schweiz – weltweit – Wissenschaft

2 Kreuzen Sie an.

REGEL

In deutschen Wörtern spricht man „v" normalerweise wie ◯ „f". ◯ „w".
In Wörtern aus anderen Sprachen (z.B. Latein, Französisch, Englisch) spricht man „v" wie ◯ „f". ◯ „w".

▶ 1 31 **3 Hören Sie und sprechen Sie dann.**

Kieler Woche
ein Segelsport-Event
mit Windjammerparade
Willst du mit?
Ja, gern, ja, gern, da freu' ich mich.

Frauenfeld
ein Hip-Hop-Fest
mit den Fantastischen Vier
Wie wär's damit?
Okay, okay, das machen wir.

SELBSTEINSCHÄTZUNG *Das kann ich!*

Ich kann jetzt ...

... beim Einkaufen sagen, was ich möchte: L04 ◯ ◯ ◯

■ Was darf es sein?
▲ Ich h________ gern einen milden Käse.
■ Ja, gern. Wie viel darf es sein?
▲ G______________ Sie mir _______ 200 Gramm.
■ Darf es noch etwas sein?
▲ Nein, _______________. Das ist ________.

... Vorlieben äußern: L04 ◯ ◯ ◯

■ Ich habe dir eine kleine Portion Rührei bestellt.
▲ Aber ich ___________ gar kein Rührei. Ich __________ __________ ein weich gekochtes Ei.

... Vorschläge machen / mich verabreden: L05 / L06 ◯ ◯ ◯

______________ wir zuerst den berühmten Dom be____________________?
Die berühmten Fenster sind wirklich sehens__________.
Danach k___________ wir eine Schifffahrt auf dem Rhein ___________.
______ ________ bestimmt lustig.
Was d__________ ihr?

Ich fahre in die Schweiz. M__________ du vielleicht mit____________________?
L________ u_______ doch zusammen fahren.
Was __________ du davon?

SELBSTEINSCHÄTZUNG Das kann ich!

D______ ich etwas vor__________________?
W______ w__________ es denn mit dem nächsten Wochenende?
W__________ wir noch einen Treffpunkt aus__________?

... Vorschläge ablehnen / Gegenvorschläge machen: L05 / L06
Ich bin __________. Das ist doch langweilig.
Ich ________ das nicht so gut.
W________ wir nicht zuerst ins Museum gehen?
Also, ich ______ nicht. Das finde ich nicht so interessant.

... zustimmen / mich einigen: L05 / L06
Ja, das ist eine g______ I______! / Ein__________________!
Okay, das __________ wir. / Ja, okay, das p________ auch.

Ich kenne ...

... 10 Lebensmittel: L04
Das esse ich gern:

____

Das esse ich nicht so gern:

____

... 5 Verpackungen und Gewichte: L04

____

... 10 Wörter zum Thema „Tourismus“: L05

____

... 8 Wörter zum Thema „Veranstaltungen“: L06
Das finde ich interessant: ______________________________

____

Das finde ich nicht so interessant: ______________________________

____

Ich kann auch ...

... Nomen näher beschreiben (Adjektive nach indefinitem und definitem Artikel): L04 / L05
▲ Ich hätte gern einen mager_____ Schinken.
■ Soll es ein roh_____ oder ein gekocht_____ Schinken sein?

Der berühmt_____ Dom ist wirklich sehr sehenswert.
Wir haben dem nett_____ Reiseführer ein Loch in den Bauch gefragt.

... einen Zeitraum angeben (Temporale Präpositionen *von ... an, von ... bis, seit, über*): L06
________ 8. ________ 10. Juli bin ich auf dem Openair Frauenfeld.
Es findet ________ vielen Jahr____ immer im Sommer statt.

Üben/Wiederholen möchte ich noch ...

____

Wir könnten montags joggen gehen.

KB 3 Strukturen

1 Ordnen Sie zu.

~~seit~~ | über | vom … an | vom … bis | zwischen | zwischen

a ■ Seit wann hast du kein Auto mehr? ● Seit vier Monaten.

b ■ Wann stehst du auf? ● Erst so ______________ halb sieben und sieben Uhr.

c ■ Wie lange fährst du zur Arbeit? ● ______________ 40 Minuten.

d ■ Ab wann fährst du wieder mit dem Fahrrad? ● ______________ ersten März ______________.

e ■ Wie lange ist das Schwimmbad geschlossen? ● ______________ 2. ______________ 16. März.

f ■ Wann machst du immer Mittagspause? ● ______________ 12.00 und 13.00 Uhr.

KB 3 Strukturen

2 Im neuen Jahr wird alles anders. Wie kann man noch sagen? Ergänzen Sie.

a Ich gehe abends (jeden Abend) nicht mehr so spät ins Bett und dann stehe ich ______________ (jeden Morgen) pünktlich auf.

b Ich wiege zu viel und möchte ein paar Kilo abnehmen, deshalb esse ich ______________ (jeden Nachmittag) keinen Kuchen mehr.

c Ich will wieder mehr Sport machen. ______________ (jeden Dienstag) und ______________ (jeden Donnerstag) laufe ich ab jetzt im Park.

KB 3 Strukturen

3 Welches Bild passt? Ordnen Sie zu.

A 

B 

C 

1 Ihr solltet jeden Tag eine halbe Stunde laufen. Ihr könntet aber auch Rad fahren oder schwimmen. (C)
2 Wir könnten nach Italien an den Gardasee fahren. ○
3 Sie müssen abnehmen. Sie sollten auf Ihre Ernährung achten. ○
4 Dort könntest du segeln und surfen. Und ich könnte in den Bergen wandern. ○
5 Und Katrin, du solltest noch nicht wieder trainieren. Warte lieber, bis du keine Schmerzen mehr hast! ○
6 Sie könnten bei einer Laufgruppe mitmachen. Da nimmt man schneller ab. ○

KB 3 Strukturen entdecken

4 Markieren Sie *können* und *sollen* in 3 und ergänzen Sie die Tabelle.

	können	sollen
ich		sollte
du		
er/sie	könnte	sollte
wir		sollten
ihr		solltet
sie/Sie		

KB 3 **5** **Sortieren Sie die Sätze.**

STRUKTUREN

a Am Abend vor eurem Fußballspiel solltet ihr euch ausruhen.
(ausruhen – euch – ihr – solltet)

b Schau mal, ______________________________.
(wir – auch einen Tauchkurs – könnten – machen)

c Abends ______________________________.
(essen – sollten – keine Nudeln mehr – Sie)

d Ab nächsten Monat ______________________________.
(kommen – könntet – ihr – freitags auch zum Lauftraining)

e Sie ______________________________.
(regelmäßig Sport – machen – sollten)

KB 5 **6** **Welche Sportarten passen? Bilden Sie Wörter und ordnen Sie zu.**

WÖRTER

~~asbelltbak~~ | danhalbl | egichwt beehn | ovellbylla | iftessntrninaig | uodj | adbinmnot | agoy | olgf | ygiknasmt | tichsteisnn | iesocheky | walkne | uqaa-sitsnfe | nuderr

a Für diese Sportarten braucht man eine Mannschaft: Basketball, ______________________________

____

b Für diese Sportarten braucht man unbedingt einen Partner: ______________________________

____

c Diese Sportarten kann man auch allein machen: ______________________________

____

KB 6 **7** **Ordnen Sie zu.**

KOMMUNIKATION

Sie sollten | ~~Du könntest~~ | Du könntest | An deiner Stelle würde | Wie wäre es mit

a ■ Was soll ich denn heute Abend kochen? ● Du könntest mal wieder eine Gemüsesuppe machen.

b ■ Ich habe oft starke Halsschmerzen. Hast du einen Tipp für mich?
● ______________________________ ich Salbeitabletten nehmen.

c ■ Ich muss unbedingt wieder mehr für meine Gesundheit tun. Wollen wir zusammen Sport machen? ● Gute Idee! ______________________________ Aqua-Fitness?

d ■ Mein Mann schläft nachts immer so schlecht. Was würden Sie ihm empfehlen?
● ______________________________ ihm diesen Tee geben.

e ■ Ich würde gern etwas an der frischen Luft machen. Kannst du mir eine Sportart empfehlen? ● ______________________________ joggen gehen.

KB 8 **8**
Alster Turn- und Sportverein

LESEN

a **Welches Angebot aus dem Programm passt? Lesen und notieren Sie.**

Alster Turn- und Sportverein

		Trainingszeiten	Ort	TrainerIn
Fitnesstraining	mit Musik	Mo 18:00 – 19:00	Sporthalle Rabenstraße	Marina Kordes
Yoga		Do 18:00 – 20:00	Sporthalle am Ring	Inken de Veer
Aqua-Fitness	Bauch, Beine, Rücken, Po	Mi 18:00 – 19:00	Alsterschwimmhalle	Lena Harms
Fußball	für Männer	Di 18:30 – 20:00 Punktspiele am Wochenende	Sportplatz am Ring	Sven Hansen
Handball	für Frauen	Mo 19:00 – 20:00 Mi 19:00 – 20:00 Punktspiele am Wochenende	Sporthalle am Ring	Sofie Stoll
Tanzen	Swing Standard	Di 18:30 – 20:00 Fr 18:30 – 20:00	Sporthalle Rabenstraße	Silke Maas & Kai Kolbe
Laufen		Mo 19:30 – 20:30 Mi 19:30 – 20:30	Rund um die Alster Treffpunkt: Rabenstraße	Meike Wilkens
Rudern	Anfänger Fortgeschrittene	Di 18:00 – 20:00 Do 18:00 – 20:00 Wettkämpfe am Wochenende	ATSV-Steg Rabenstraße	Jonas Kling, Pia Jakobi

1 Pedro ist ziemlich fit und möchte mit anderen zusammen Sport machen. Er hat auch am Wochenende Zeit und kann an Wettkämpfen teilnehmen. Von Ballspielen hält er nichts. Rudern

2 Samira ist nicht besonders fit. Früher hat sie gern Gymnastik gemacht. Aber jetzt hat sie schon lange keinen Sport gemacht und möchte etwas für ihre Gesundheit tun. Sie möchte nicht draußen trainieren. Sie hat selten Zeit. Am besten passt ihr der Donnerstag. ____________

3 Urs ist unzufrieden mit seinem Gewicht. Er möchte mindestens fünf Kilo abnehmen, aber auf keinen Fall eine Diät machen. Er würde gern joggen, allein macht ihm das aber keinen Spaß. ____________

4 Chiara möchte einen Mannschaftssport machen. Zeitlich ist sie flexibel. Fußball und Rudern findet sie uninteressant. ____________

KOMMUNIKATION

b **Was würden Sie den vier Personen sagen? Notieren Sie passende Ratschläge.**

1 Pedro, du könntest am Dienstagabend rudern gehen. 2 Samira, du …

KB 8 **9** **Schreiben Sie drei Aufgaben wie im Beispiel. Ihre Partnerin / Ihr Partner empfiehlt eine passende Sportart aus dem Programm in 8a.**

Maria möchte mit ihrem Freund zusammen Sport machen. Die beiden haben nur am Freitag Zeit.

Sie könnten/sollten …

TRAINING: SPRECHEN

1 Ratschläge und Tipps geben

a Schreiben Sie die Situationen (blau) und Tipps (gelb) unten auf Kärtchen. Arbeiten Sie zu dritt und verteilen Sie die Kärtchen: Person A bekommt die Situationen. Person B und C teilen sich die Ratschläge. Person A liest eine Situation vor. Person B und C geben Tipps. Tauschen Sie dann die Rollen.

Ich bin nicht fit. Aber ich habe keine Zeit für Sport.

Ich bin nervös und kann nicht gut schlafen.

Ich möchte mit dem Rauchen aufhören.

Ich suche einen Partner zum Joggen.

ein Nikotinpflaster benutzen

mit dem Fahrrad zur Arbeit fahren

weniger Kaffee trinken

einen Kurs bei der Krankenkasse machen

Yoga machen

zum Sportverein gehen

zu Fuß zum Kurs kommen

die anderen Kursteilnehmer fragen

TIPP

Ratschläge beginnen oft mit *Du solltest … / Du könntest … / An deiner Stelle würde ich …* oder z.B. mit *Mach … / Nimm …*
Schreiben Sie verschiedene Ratschläge mit diesen Satzanfängen auf. So können Sie vor dem Sprechen üben.

Ich bin immer so nervös und kann nicht gut schlafen. Was würdet ihr mir empfehlen?

An deiner Stelle würde ich weniger Kaffee trinken.

Mach doch Yoga.

b Notieren Sie weitere Situationen und Probleme. Fragen Sie Ihre Partnerinnen / Ihre Partner. Sie geben Ihnen Tipps.

- *kann nicht schwimmen, möchte es lernen*
- *möchte Sport machen, habe wenig Geld*
- *habe oft Rückenschmerzen*

Ich kann nicht schwimmen, aber ich möchte es gern lernen. Was würdet ihr mir empfehlen?

Du könntest …

Frag doch mal …

c Gehen Sie durch den Kursraum. Sprechen Sie mit verschiedenen Partnerinnen/Partnern und erklären Sie ihnen Ihre Situation / Ihr Problem. Die anderen geben Ihnen Ratschläge.

TEST

1 Fit und gesund. Ordnen Sie zu.

WÖRTER

wiege | teilnehmen | öffnen | ~~trainiere~~ | hebe | abnehmen | empfehlen

- ● Ich trainiere (a) jede Woche. Ich ______________ (b) Gewichte.
- ■ Ich muss unbedingt ______________ (c), ich ______________ (d) jetzt schon über 75 Kilo.
- ● Da kann ich dir die Judostunden in meinem Fitnessclub ______________ (e). Du kannst auch vor der Arbeit trainieren. Sie ______________ (f) schon um 6.30 Uhr.
- ■ Judo? Super! Das hat mir früher schon total Spaß gemacht. Ich würde auch gern wieder an Wettkämpfen ______________ (g).

_ / 6 PUNKTE

2 Ergänzen Sie *seit, über, von ... an, von ... bis, zwischen.*

STRUKTUREN

a Sie waren über zwei Stunden an der frischen Luft.
b __________ Mai __________ findet das Training draußen statt.
c __________ Ende Mai __________ Mitte Juni haben wir geschlossen.
d Er holt die Kinder __________ Viertel vor vier und vier vom Schwimmtraining ab.
e Sie trainiert __________ fünf Monaten für den Wettkampf.

_ / 4 PUNKTE

3 Ratschläge von Frau Dr. Berg. Ergänzen Sie die Endungen.

STRUKTUREN

Leser B:	Hilfe, ich bin so dick! Sollte (a) ich eine Diät machen?
Frau Dr. Berg:	Eine Diät ist nicht so gut, aber Sie soll____ (b) auf Ihre Ernährung achten.
Leserin E:	Mein Mann soll____ (c) fünf Kilo abnehmen. Er macht aber nicht gern Sport.
Frau Dr. Berg:	Er könn____ (d) mit Freunden trainieren. In der Gruppe macht Sport mehr Spaß.
Leser Z:	Ich bin 11 und will Eishockey spielen. Ist die Sportart gefährlich?
Frau Dr. Berg:	Du soll____ (e) mit deinen Eltern sprechen, ihr könn____ (f) einen Termin in einem Verein ausmachen.

_ / 5 PUNKTE

4 Ergänzen Sie das Gespräch.

KOMMUNIKATION

wie wäre | Sie könnten | möchte gern | könnte er | würden Sie uns

- ■ Unser Sohn ______________________ (a) Eishockey lernen. Gibt es auch Kurse für Kinder? Was ______________________ (b) empfehlen?
- ● Das ist eine tolle Sportart für Kinder. Am besten kommen Sie einmal zu einem Training, ______________________ (c) es mit nächstem Mittwoch, 17 Uhr? Da ______________________ (d) gleich mitmachen. Ganz wichtig ist ein Helm. Aber ______________________ (e) die Ausrüstung auch leihen.

_ / 5 PUNKTE

Wörter		Strukturen		Kommunikation	
🔴	0–3 Punkte	🔴	0–4 Punkte	🔴	0–2 Punkte
🟡	4 Punkte	🟡	5–7 Punkte	🟡	3 Punkte
🟢	5–6 Punkte	🟢	8–9 Punkte	🟢	4–5 Punkte

www.hueber.de/menschen-hier

7

LERNWORTSCHATZ

1 Wie heißen die Wörter in Ihrer Sprache? Übersetzen Sie.

Gesundheit und Fitness

Art die, -en ______
  Sportart ______
Diät die, -en ______
Gesundheit die ______
Gewicht das, -e ______
Training das, -s ______

ab·nehmen,
  du nimmst ab,
  er nimmt ab,
  hat abgenommen ______
aus·ruhen sich,
  hat sich ausgeruht ______
trainieren,
  hat trainiert ______
wiegen,
  hat gewogen ______

fit ______
frisch ______
  frische Luft ______
regelmäßig ______
selten ______
mindestens ______

Weitere wichtige Wörter

Golf das ______
Nudel die, -n ______
Post die ______
Stelle die, -n ______
  an deiner/
  Ihrer Stelle ______
Verein der, -e ______

empfehlen,
  du empfiehlst,
  er empfiehlt,
  hat empfohlen ______
leihen,
  hat geliehen ______
öffnen,
  hat geöffnet ______
teil·nehmen,
  du nimmst teil,
  er nimmt teil,
  hat teilgenommen ______

circa ______
früh ______
morgens ______
vormittags ______
mittags ______
nachmittags ______
abends ______
nachts ______

montags ______
dienstags ______
mittwochs ______
donnerstags ______
freitags ______
samstags ______
sonntags ______

andere ______
zwischen ______
  zwischen sieben
  und Viertel nach
  sieben ______

TIPP

Schreiben Sie einen Lückentext mit neuen Wörtern. Ergänzen Sie die Lücken.

F__t mit Hund!
Mein Hund heißt Willi. Wir sind r e ___ ___ ___m ___ ___i g an der
f__i___ ___ ___en L___ ___t, mo r__ e__ s, m i___ ___a g__ und
a b e__ d s. Das ist das perfekte T___ ___ ___ n ___ ___ g. Ich bin nie krank.

2 Welche Wörter möchten Sie noch lernen? Notieren Sie.

______

Hoffentlich ist es nicht das Herz!

KB 3 **1** **Ergänzen Sie das Rätsel.**

WÖRTER

a 
b 
c 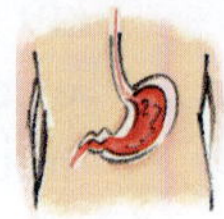
d 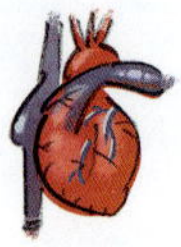
e 
f 
g 
h 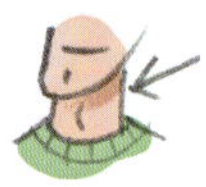
i 

Lösungswort:

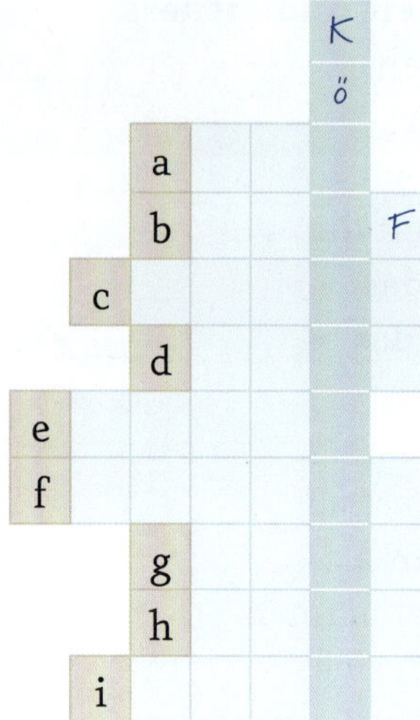

KB 3 **2** **Ordnen Sie zu.**

WÖRTER

Sorgen | ~~Untersuchung~~ | Krankheiten | Sprechstunde | Notfall | Wahrheit | vertrauen | sterben

Test: Wie gut ist Ihr Arzt?

JA ● NEIN ● Er nimmt sich Zeit für eine genaue Untersuchung (a) und Beratung.
JA ● NEIN ● Er informiert Sie über Ihre ______ (b) und die Symptome.
JA ● NEIN ● Sie können mit ihm über Ihre Probleme und ______ (c) sprechen. Denn Sie ______ (d) ihm.
JA ● NEIN ● Sie müssen in der Praxis selten länger als 30 Minuten warten.
JA ● NEIN ● Im ______ (e) können Sie auch ohne Termin in die ______ (f) kommen.

ERGEBNIS ▶

Noch mehr zum Thema Gesundheit: In vielen Ländern werden Frauen älter als Männer. Warum ______ (g) Männer früher? MEHR ▶

Das könnte Sie auch interessieren: Kann man wirklich in einer Woche 4 Kilo abnehmen? Die ______ (h) über Super-Diäten MEHR ▶

KB 4 **3** **Ergänzen Sie die Sätze.**

STRUKTUREN

a Klaus öffnet das Fenster, weil es im Zimmer zu heiß ist.
(Es ist im Zimmer zu heiß.)

b Ich vertraue meinem Freund, weil ______.
(Er sagt mir immer die Wahrheit.)

c Meine Nachbarn sind traurig, weil ______.
(Ihr Hund ist gestorben.)

d Olga macht eine Diät, weil ______.
(Sie möchte abnehmen.)

KB 4 **4** **Warum? Verbinden Sie die Sätze.**

STRUKTUREN

a	Die Eltern machen sich Sorgen, weil	er heute keine Sprechstunde hat.
b	Sandra kann nicht zum Arzt gehen, weil	tut sein Magen weh.
c	Frau Winter ist krank. Deshalb	kann sie nicht arbeiten.
d	Frau Preuß liegt im Krankenhaus, denn	sie hatte einen Herzinfarkt.
e	Herr Moll hat zu viel Kaffee getrunken. Deshalb	ihre Tochter krank ist.

KB 4 **5** **Markieren Sie den Grund. Verbinden Sie dann die Sätze mit *denn*, *weil* und *deshalb*.**

STRUKTUREN ENTDECKEN

a Jan muss zum Zahnarzt gehen. Er hat Angst.

1 Jan hat Angst, denn er muss zum Zahnarzt gehen.

2 ______________________, weil ______________________

3 ______________________. Deshalb ______________________

b Carla vertraut ihrem Arzt. Er sagt ihr immer die Wahrheit.

1 ______________________, denn ______________________

2 ______________________, weil ______________________

3 Carlas Arzt ______________________. Deshalb ______________________

KB 5 **6** **Schreiben Sie zwei Sätze wie in 5. Markieren Sie den Grund.**
Ihre Partnerin / Ihr Partner verbindet die Sätze mit *denn*, *weil* und *deshalb*.

Ich bin müde. Ich bin gestern zu spät ins Bett gegangen.

KB 5 **7** ***Deshalb* oder *weil*? Ergänzen Sie die Sätze.**

STRUKTUREN

a Ich kann heute nicht am Fußballtraining teilnehmen, weil ich erkältet bin.
(ich – sein – erkältet)

b Julian hat seit Tagen Bauchschmerzen, ______________________.
(der Arzt – ihn – genau untersuchen wollen)

c Frau Krause geht es schlecht, ______________________.
(eine schwere Grippe – sie – haben)

d Ich bin erkältet, ______________________.
(müssen husten – ich – so oft)

e Elke ist eine Stunde gejoggt, ______________________.
(sie – jetzt müde sein)

KB 6 **8 Ordnen Sie zu.**

KOMMUNIKATION

hoffe ich auch | habe total Angst | ich aber traurig | ~~ist denn los~~ | hast du nichts Schlimmes | tut mir leid | ist los | wieder alles in Ordnung

a ■ Du siehst so traurig aus. Was ist denn los (1)?
● Ach, meine Katze ist seit zwei Tagen krank. Heute geht es ihr total schlecht.
■ Oh, das finde ______ (2).

b ■ Was ______ (3) mit dir? Geht es dir nicht gut?
● Ach, ich habe seit Tagen Bauchschmerzen. Jetzt muss ich ins Krankenhaus.
■ Oh, das ______ (4). Hoffentlich ______ ______ (5)!
● Das ______ (6). Ich ______ (7) vor dem Krankenhaus und noch mehr vor einer Operation.

c ■ Du hattest doch Grippe. Ist ______ (8)?
● Ja, es geht mir schon viel besser.

KB 7 **9 Ein Unfall! Oh! Was ist denn hier passiert?**

SCHREIBEN

a Sehen Sie die Bilder an und ordnen Sie dann die Bilder den Sätzen zu.

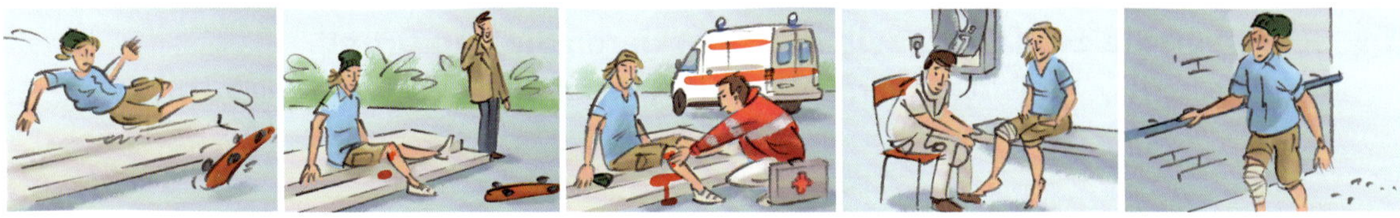

① ② ③ ④ ⑤

A der Notarzt sagen: wir – Sie – mit dem Krankenwagen – ins Krankenhaus fahren müssen / weil das Bein – stark bluten (3)

B in der Notaufnahme – die Ärzte – mich – untersuchen – und das Knie verbinden ○

C zuerst – ich – denken: die Verletzung – nicht so schlimm sein / aber ein Mann – den Notarzt rufen ○

D gestern Abend – ich – einen Unfall haben / ich – mit dem Skateboard – hinfallen (1)

E jetzt – ich – einen dicken Verband um das Knie haben – und kaum laufen können ○

b Schreiben Sie die Geschichte mit den Sätzen aus a.

Gestern Abend hatte ich einen Unfall. ...

TRAINING: HÖREN

1 Gespräch über einen Unfall. Sammeln Sie Wörter.

TIPP Sammeln Sie vor dem Hören Wörter und Assoziationen zum Thema. Dann verstehen Sie den Hörtext besser.

▶ 1 32

2 Ein Gespräch in der Notaufnahme
Was ist richtig? Hören Sie den Anfang und kreuzen Sie an.

a Frau Doron hatte
- ◯ einen Arbeitsunfall.
- ◯ einen Sportunfall.

b Sie ist
- ◯ im Restaurant
- ◯ auf der Treppe

hingefallen.

c Frau Doron hat sich bei dem Unfall
- ◯ ihr Bein
- ◯ ihren Arm

verletzt.

d
- ◯ Ein Notarzt
- ◯ Der Chef

hat sie ins Krankenhaus gebracht.

e Frau Doron hat
- ◯ starke Schmerzen.
- ◯ keine Schmerzen.

▶ 1 33

3 Was ist richtig?
Hören Sie jetzt weiter und kreuzen Sie an.

a Frau Doron bekommt einen Verband. ◯

b Die Ärzte operieren Frau Doron morgen früh. ◯

c Sie soll morgen früh wieder kommen. ◯

d Sie muss eine Woche im Krankenhaus bleiben. ◯

e Der Arzt gibt ihr etwas gegen die Schmerzen. ◯

TEST

1 Bilden Sie Wörter und ordnen Sie zu.

Wörter

ken | Not | Ver | nah | let | de | me | zung | Not | Kran | gen | stun | band | fall | wa | Sprech | Ver | ~~Not~~ | auf | ~~arzt~~

a Mein Nachbar hatte einen Herzinfarkt. Seine Frau hat gleich den Notarzt gerufen. Kurze Zeit später kam der ________________ und hat meinen Nachbarn in die ________________ gebracht. Das war ein echter ________________.

b Anna ist vom Fahrrad gefallen. Ihr Bein blutet und sie braucht einen ________________. Wir fahren jetzt gleich zu Herrn Doktor Langer, er hat zum Glück auch am Samstagvormittag ________________.

c Meine Freundin hat eine ________________ an der Hand. Jetzt kann sie nicht mehr richtig schreiben.

_ / 6 Punkte

2 Ordnen Sie zu und schreiben Sie Sätze mit *weil*.

Strukturen

er ist zu schnell gefahren | sie hat keine Zahnschmerzen mehr | ~~er ist krank~~ | ich habe Kopfschmerzen

a Simon geht heute nicht in die Schule, weil er krank ist.

b Herr Bosch hatte einen Unfall, weil ________________________________.

c Ich kaufe Tabletten in der Apotheke, weil ________________________________.

d Lina ist glücklich, weil ________________________________.

_ / 3 Punkte

3 Schreiben Sie die Sätze aus 2 mit *deshalb*.

Strukturen

a Simon ist krank. Deshalb geht er heute nicht in die Schule.
b Herr Bosch …

_ / 3 Punkte

4 Ergänzen Sie das Gespräch.

Kommunikation

- ■ Hallo, Anna. Du siehst nicht gut aus. Was ist denn ________________ (a)?
- ● Ach, ich muss morgen ins Krankenhaus.
- ■ ________________ (b) hast du nichts Schlimmes!
- ● Es ist mein Knie. Ich kann nicht mehr richtig laufen. Am Donnerstag ist die Operation.
- ■ Oh, das tut mir wirklich ________________ (c).
- ● Ich habe ________________ (d) vor den Untersuchungen.
- ■ Das glaube ich. Wie lange bleibst du denn im Krankenhaus?
- ● Nur zwei Tage.
- ■ Ich hoffe, danach ist alles wieder in ________________ (e).

_ / 5 Punkte

Wörter		Strukturen		Kommunikation	
🔴	0–3 Punkte	🔴	0–3 Punkte	🔴	0–2 Punkte
🟡	4 Punkte	🟡	4 Punkte	🟡	3 Punkte
🟢	5–6 Punkte	🟢	5–6 Punkte	🟢	4–5 Punkte

www.hueber.de/menschen-hier

LERNWORTSCHATZ

1 Wie heißen die Wörter in Ihrer Sprache? Übersetzen Sie.

Unfall/Notfall
Krankenwagen der, - ______
Notarzt der, ¨-e ______
Notaufnahme die, -n ______
Notfall der, ¨-e ______
Unfall der, ¨-e ______
Verletzung die, -en ______

verletzen (sich), hat (sich) verletzt ______

Gesundheit/Krankheit
Blut das ______
Grippe die, -n ______
Herz das, -en ______
Krankheit die, -en ______
Magen der, ¨- ______
Operation die, -en ______
Sprechstunde die, -n ______
Untersuchung die, -en ______
Verband der, ¨-e ______

bluten, hat geblutet ______

operieren, hat operiert ______
sterben, du stirbst, er stirbt, ist gestorben ______
untersuchen, hat untersucht ______
verbinden, hat verbunden ______

erkältet sein ______

Weitere wichtige Wörter
Satz der, ¨-e ______
Sorge die, -n ______
sich Sorgen machen ______
Wahrheit die, -en ______

hin·fallen, du fällst hin, er fällt hin, ist hingefallen ______
los sein ______
vertrauen, hat vertraut ______

weil ______
deshalb ______

TIPP

Lernen Sie Nomen und Verb zusammen.

die Operation – operieren
die Untersuchung – untersuchen

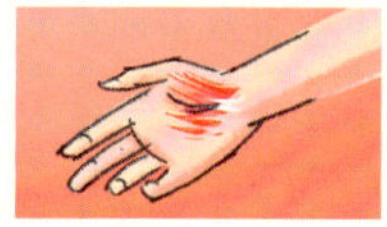

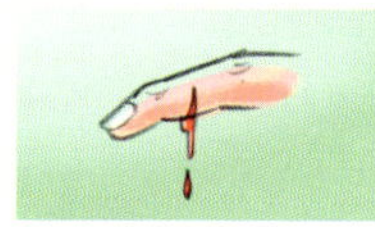

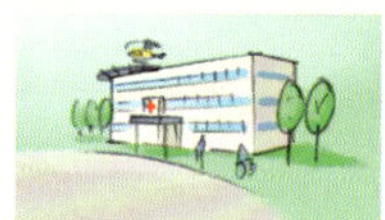

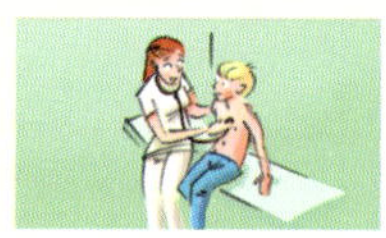
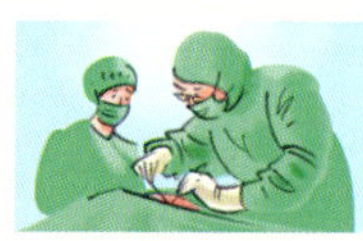
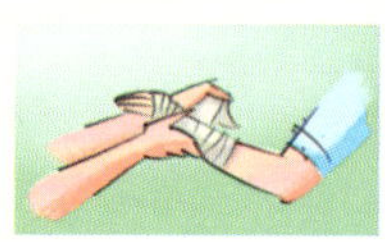

2 Welche Wörter möchten Sie noch lernen? Notieren Sie.

Bei guten Autos sind wir ganz vorn.

KB 3 **1** **Eine Führung durch eine Autofabrik. Ordnen Sie zu.**

WÖRTER

Lager | Hallen | Werke | Arbeiter | Maschinen | ~~Wagen~~ | Lkws | Produktion

Herzlich willkommen in unserer Autofabrik!
Pro Tag produzieren wir hier circa 800 Wagen (a). Viele verkaufen wir ins Ausland. Wir bringen die Wagen mit ______________ (b) in andere Länder.
Neben dem Bürohaus sehen Sie ein großes ______________ (c) für das Material und zwölf große ______________ (d). Dort ist die ______________ (e) der Autos. Unsere Firma hat vier weitere ______________ (f) in Deutschland.
Früher haben 800 ______________ (g) für die Produktion am Fließband gearbeitet. Jetzt sind es viel weniger. In einer modernen Autofabrik machen die ______________ (h) sehr viel und die Arbeit ist leichter geworden.

KB 4 **2** **Ergänzen und vergleichen Sie.**

WÖRTER

Deutsch	Englisch	Meine Sprache oder andere Sprachen
die Produktion	production	
	machine	
	export	
	import	
	international	

KB 4 **3** **Aus der Zeitung. Ergänzen Sie.**

WÖRTER

a **Beim Einkaufen im Internet bis zu 70 P r o z e n t s _ a _ e n!**
Wir e _ k l _ _ e _ Ihnen wie. Lesen Sie unsere Tipps auf Seite 12.

b Produktion wird immer billiger, deshalb s_ n _ _ n Preise für Computer und Notebooks weiter.

c Die Firmen produzieren und verkaufen wieder mehr. Der Export s _ ei _ t. Warum die W _ r _ s _ h _ f _ in Deutschland wieder wächst, lesen Sie in einem B _ r i _ht des „Handelsblatts".

d **KWG-Bank: 150 A _ g _ s _ e _ l _e verlieren Arbeit**

e WIR SIND EINE INTERNATIONALE MUSIKFIRMA.
Seit drei J _ h _ z _ h _ t _ n haben wir Erfahrung und E _ f _ l _ im Musikgeschäft.
Für unser Büro in Hamburg suchen wir M _ t _ r _e i t _ _. Wir bieten sehr gute A _ b e _ _ s b e _ i n _ u _ g _ _.

KB 5 **4** **Lösen Sie das Rätsel.**

WÖRTER

				K					
		a	L						
b	D							D	
	c	B						B	
d	R								R
				K					
				T					

a Geld für die Arbeit: …
b etwas ist wichtig, man muss es sofort machen
c Firma = …
d Nomen zu „reparieren": die …

↓ Lösung:
Ich habe Peter schon ein paar Jahre nicht mehr gesehen. Wir haben keinen … mehr.

KB 5 **5** **Markieren Sie die Endungen der Adjektive und ergänzen Sie den definiten Artikel.**

STRUKTUREN ENTDECKEN

Nominativ		Akkusativ		Dativ	
der	● Kunststoff	ohne *den* ___	● Lkw	mit *dem* ___	● Erfolg
schwarz**er**		ohne groß**en**		mit groß**em**	
	● Training	ohne ___	● Lager	aus ___	● Metall
hartes		ohne großes		aus rotem	
	● Berufs-erfahrung	ohne ___	● Hilfe	seit ___	● Woche
erste		ohne fremde		seit letzter	
	● Bedingungen	ohne ___	● Berichte	mit ___	● Firmen
schlechte		ohne genaue		mit interna-tionalen	

KB 5 **6** **Mein Traumjob. Ergänzen Sie die Endungen der Adjektive.**

STRUKTUREN

Ich wünsche mir eine Arbeitsstelle / eine Arbeit / einen Job …

ohne …	mit …
a unsympathisch*e* Kunden	j nett___ Kollegen
b groß___ Stress	k gut___ Lohn
c langweilig___ Sitzungen	l gut___ Arbeitsbedingungen
d lang___ Berichte	m flexibl___ Arbeitszeit
e schwer___ Arbeit	n nett___ Chefin
f dringend___ Termine	o lang___ Urlaub
g lang___ Reisen	p kostenlos___ Firmenwagen
h teur___ Ausbildung	q schick___ Büro
i schlecht___ Kaffee	r interessant___ Aufgaben

KB 5 **7** **Lesen Sie die Anzeigen und ergänzen Sie die Endungen der Adjektive.**

STRUKTUREN

a Suche günstig*en* Kleinwagen
b Ziehen Sie um? Klein___ Lkw (7,5 t) schon ab 38 Euro pro Tag.
c Zweirad-Fischer: groß___ Angebot – klein___ Preise und schnell___ Service bei Reparaturen
d Autohaus hat interessant___ Job für freundlich___ Studenten mit flexibl___ Arbeitszeit und gut___ Arbeitsbedingungen
e Oldtimer – groß___ Ausstellung mit alt___ Autos und Motorrädern

KB 5 **8 Sie möchten Möbel und andere Gegenstände für das Büro kaufen/verkaufen.**
Schreiben Sie drei Anzeigen mit Adjektiven. Ihre Partnerin / Ihr Partner ergänzt die Endungen der Adjektive.

Suche günstig___ Büroschrank aus hell___ Holz.
Verkaufe schnell___ Computer mit neu___ Bildschirm.

Suche/Verkaufe … mit/aus …

KB 6 **9 Was ist Ihnen im Job wichtig? Ordnen Sie zu.**

KOMMUNIKATION

ich möchte gern | ich gern selbstständig | ist mir sehr wichtig | ~~möchte nicht gern~~ | im Team | nicht gern nur drinnen | das ist mir nicht so wichtig

a Ich möchte nicht gern angestellt sein. Denn ich habe schlechte Erfahrungen mit Chefs gemacht. Ich habe keine festen Arbeitszeiten, aber
_______________.
Deshalb bin _______________.

b Ich arbeite gern mit netten Kollegen
_______________.
Das _______________.
Und _______________
im Ausland arbeiten.

c Ich arbeite als Landschaftsarchitekt. Das macht mir Spaß. Außerdem kann man in meinem Beruf auch mal draußen arbeiten.
Ich sitze _______________.

KB 7 **10 Lesen Sie die Anzeige und beantworten Sie die Fragen.**

LESEN

a Wie lange dauert das Praktikum? Von September bis Dezember.
b Wie lange gibt es das Werk schon? _______________
c Was produziert die Firma in diesem Werk? _______________
d Was macht man beim Praktikum? _______________
e Was muss man können? / Was muss man sein? _______________
f Mit wem kann man Kontakt aufnehmen? _______________

Praktikum in der Autoindustrie September – Dezember (Vollzeit)

Vor drei Jahrzehnten hat die Erfolgsgeschichte von unserem Werk in Köln begonnen.
Von unseren Fließbändern laufen moderne Kleinwagen.
Bei diesem Praktikum lernen Sie unsere Produktionsstätte in Köln kennen.

Aufgaben
- Mitarbeit bei der Wagenproduktion
- Zusammenarbeit mit Betriebsingenieuren

Qualifikation
- Student/Studentin (gern Wirtschaftsingenieurwesen)
- im Team arbeiten
- flexibles und selbstständiges Arbeiten

Ansprechpartner:
Frau Willner
Tel. 072 22/131278-09

TRAINING: SCHREIBEN

1 Mein Traumjob

Suchen Sie im Text nach diesen Informationen:

a Informationen über die Firma: ______
b Aufgabe(n): ______
c Arbeitszeiten: ______
d Lohn: verdient gut
e Arbeitsbedingungen: ______

Job-Forum > Gefällt Euch Eure Arbeit?

Beitrag von Lupo: Hallo Leute,
ich möchte heute mal fragen: Gefällt Euch eigentlich Eure Arbeit?
Also, ich glaube, ich habe meinen Traumjob:
Ich bin Angestellter in einer internationalen Computerfirma mit 2000 Mitarbeitern. Ich verkaufe Computer an Firmen auf der ganzen Welt, deshalb muss ich viel reisen. Das macht mir großen Spaß.
Ich habe keine festen Arbeitszeiten. Das gefällt mir besonders gut. Auch die Arbeitsbedingungen bei uns sind wirklich nicht schlecht: Ich kann selbstständig arbeiten. Das ist mir sehr wichtig. Aber ich arbeite auch gern im Team mit netten Kollegen. Zum Glück habe ich die. Außerdem verdiene ich gut und habe einen kleinen Firmenwagen.

2 Schreiben Sie Adrians Antwort.

Beruf auch sehr gut gefallen – Tischler sein und in einer kleinen Tischlerei arbeiten – fünf nette Kollegen haben – Chef auch sehr nett sein – angestellt sein und feste Arbeitszeiten haben – jeden Tag von 7.30 Uhr bis 16.15 Uhr arbeiten – nicht viel verdienen – aber: mit dem Lohn zufrieden sein – die Arbeitsbedingungen auch gut sein – bei der Arbeit kreativ sein können – mit den eigenen Händen etwas machen: am wichtigsten sein – gern mit Holz arbeiten – wirklich sagen können: mit der Arbeit sehr zufrieden sein

Job-Forum > Gefällt Euch Eure Arbeit?

Beitrag von Adrian: Hallo Lupo,
Firmenwagen und viel reisen – Deine Arbeit klingt interessant. Aber mein Beruf …

3 Antworten Sie Lupo in einem Beitrag. Was gefällt Ihnen (nicht) an Ihrer Arbeit?

Schreiben Sie zu allen fünf Punkten (a–e) in 1.

Variante: Überlegen Sie sich einen Traumjob. Schreiben Sie zu allen fünf Punkten (a–e) in 1.

Hallo Lupo,
Dein Job ist ja wirklich super.
Aber meinen finde ich auch ziemlich gut. Ich arbeite …

TIPP

Achten Sie beim Schreiben genau auf die Aufgabe: Zu welchen Punkten sollen Sie etwas schreiben? Lesen Sie den Text am Ende noch einmal. Haben Sie zu allen Punkten genug geschrieben? Schreiben Sie auch einen Satz am Anfang und am Schluss.

TEST

1 Ordnen Sie zu.

WÖRTER

Arbeitszeit | Export | Lohn | Betrieb | Angestellter | Prozent | Erfolg | ~~Arbeiter~~ | Lager

a Michael ist *Arbeiter* bei Audi. Er arbeitet am Fließband.

b Die Firma G. Braun & Co, Import und ________________, hat in der Luisenstraße ihr ________________ .

c Hannes ist ________________ in einer Bank. Seine ________________ ist flexibel, er kann zwischen halb acht und acht anfangen.

d Die Mitarbeiter möchten mehr Geld, sie fordern mehr ________________.

e Mehr als 50 ________________ aller Produkte der Baufirma Nasan gehen in den Export.

f Der ________________ stellt Lkws her. Mit seinen Produkten hat er internationalen ________________ auf dem Weltmarkt.

_ / 8 PUNKTE

2 Ergänzen Sie in den Anzeigen die Endungen.

STRUKTUREN

a Freundlich*er* (1) Mitarbeiter mit lang_____ (2) Berufserfahrung sucht international_____ (3) Betrieb.

b Groß_____ (4) Restaurant mit freundlich_____ (5) Service bietet interessant_____ (6) Jobs.

c Suche hell_____ (7) Wohnung mit schön_____ (8) Garten.

d Bin selbstständig. Suche Arbeitsplatz in klein_____ (9) Büro mit nett_____ (10) Kollegen und schön_____ (11) Möbeln.

e Alt_____ (12) Autos gesucht. Baujahr 1980 und älter. Nehme auch kaputt_____ (13) Autos.

f NEU! „Fit und Gesund!" – Toll_____ (14) Geschäft mit gut_____ (15) Beratung.

_ / 7 PUNKTE

3 Ordnen Sie zu.

KOMMUNIKATION

das machen wir | wäre das wichtiger | möchte so gern | ist eine gute Idee | ist dir das wichtig

- ■ Ich ________________________ (a) in einer Apotheke arbeiten.
- ● Warum ________________________ (b)?
- ■ Ich kann Menschen beraten und ihnen helfen. Das gefällt mir.
- ● Studier doch Medizin. Als Ärztin kannst du auch helfen und viel Geld verdienen. Mir ________________________ (c). Aber mach doch ein Praktikum in einer Apotheke.
- ■ Das ________________________ (d).
- ● Ich habe eine Freundin in der Kilian-Apotheke. Sollen wir sie gleich mal anrufen?
- ■ Ja, okay, ________________________ (e). Danke!

_ / 5 PUNKTE

Wörter	Strukturen	Kommunikation
🔴 0–4 Punkte	🔴 0–3 Punkte	🔴 0–2 Punkte
🟡 5–6 Punkte	🟡 4–5 Punkte	🟡 3 Punkte
🟢 7–8 Punkte	🟢 6–7 Punkte	🟢 4–5 Punkte

www.hueber.de/menschen-hier

LERNWORTSCHATZ

1 Wie heißen die Wörter in Ihrer Sprache? Übersetzen Sie.

Arbeitsleben

Angestellte der/die, -n ______
Arbeiter der, - ______
Bedingung die, -en ______
die Arbeitsbedingungen ______
Betrieb der, -e ______
Erfolg der, -e ______
Export der, -e ______
Halle die, -n ______
Import der, -e ______
Lager das, - ______
Lkw der, -/-s ______
Lohn der, ¨-e ______
Maschine die, -n ______
Mitarbeiter der, - ______
Produktion die, -en ______
Prozent das, -e ______
Team das, -s ______
Werk das, -e ______
Wirtschaft die ______

sinken, ist gesunken ______
sparen, hat gespart ______
steigen, ist gestiegen ______

selbstständig ______

Weitere wichtige Wörter

Bericht der, -e ______
Jahrzehnt das, -e ______
Kontakt der, -e ______
Reparatur die, -en ______
Wagen der, - ______

erklären, hat erklärt ______

international ______

dringend ______

TIPP

Schreiben Sie ein paar Sätze, zum Beispiel über Ihre Arbeit.

Ich bin angestellt bei …
Ich arbeite seit … in diesem Betrieb.
…

2 Welche Wörter möchten Sie noch lernen? Notieren Sie.

______

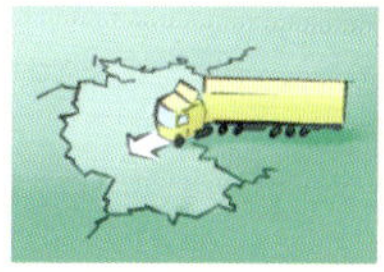

IM ALLTAG *Behandlungsmöglichkeiten*

1 **Lesen Sie das Infoblatt. Was ist richtig? Kreuzen Sie an.**

Dr. Helene Rudolf
Ärztin für Allgemeinmedizin und Internistin

Wir bieten unseren Patienten ab sofort folgende Untersuchungen und Behandlungen:

– Großer Gesundheitscheck	170 €
– Sportcheck	150 €
– Reisemedizinische Beratung	20 €
– Akupunktur (bei Kopfschmerzen, Migräne, Allergie)	35 € / 30 Minuten

Bitte beachten Sie: Die meisten Krankenkassen übernehmen diese Kosten nicht. Fragen Sie uns oder informieren Sie sich direkt bei Ihrer Kasse.

a Die Ärztin bietet Akupunktur bei
◯ Kopfschmerzen
◯ allen Krankheiten
an.

b Diese Behandlungen bezahlen
◯ alle
◯ nur manche
Krankenkassen.

▶1 34 **2** **Bei der Hausärztin**

a **Hören Sie den Gesprächsanfang. Was ist richtig? Kreuzen Sie an.**

1 Frau Jusic hat ◯ Kopfschmerzen. ◯ Kopf- und Magenschmerzen.
2 Frau Jusic hat ◯ zu viele ◯ nicht genug Tabletten eingenommen.

▶1 35 **b** **Hören Sie das Gespräch weiter. Was ist richtig? Kreuzen Sie an.**

1 Die Ärztin meint, Akupunktur kann gegen die Schmerzen helfen. ◯
2 Frau Jusics Krankenkasse bezahlt die Behandlung. ◯
3 Frau Jusic braucht zwei Behandlungstermine. ◯
4 Frau Jusic könnte auch einen Entspannungskurs machen. ◯

3 **Rollenspiel: Fragen Sie Ihre Ärztin / Ihren Arzt um Rat.**

Ⓐ **Patientin/Patient**
Sie haben Magenschmerzen und bekommen Tabletten.
Fragen Sie: Nebenwirkungen? Wie lange einnehmen?

Ⓐ **Ärztin/Arzt**
Die Tabletten haben keine Nebenwirkungen.
Die Patientin / Der Patient soll die Tabletten mindestens einen Monat lang nehmen.

Ⓑ **Patientin/Patient**
Sie haben starke Rückenschmerzen. Sie möchten keine Spritze.
Fragen Sie: andere Behandlungsmöglichkeiten?
Kosten wer? Sie versuchen es mit Akupunktur.

Ⓑ **Ärztin/Arzt**
Sie können eine Spritze geben.
Die Patientin / Der Patient kann es auch mit Akupunktur versuchen. Bei Rückenschmerzen bezahlen die Krankenkassen Akupunktur.

KOMMUNIKATION

Hat das Medikament / Haben die Tabletten Nebenwirkungen?
Wie lange / Wie oft muss ich das Medikament einnehmen?
Wie viel kostet die Behandlung?
Bezahlt die Krankenkasse die Behandlung? / Übernimmt die Krankenkasse die Kosten für …?
Heißt das, ich muss das selbst bezahlen?
Gibt es noch andere Behandlungsmöglichkeiten?

IN DER FAMILIE Antrag auf Schulbefreiung

1 Lesen Sie den Brief. Was ist richtig? Kreuzen Sie an.

a Anas Großvater ist gestorben. ○
b Die Familie möchte nach Portugal reisen. ○
c Ana soll zur Beerdigung mitkommen. ○
d Ana kann zwei Tage nicht zur Schule gehen. ○

Anke & Pedro Duarte, In der Steinriede 7, 30161 Hannover

Herrn
Anton Franske
Klassenlehrer 4c
Regenbogen-Schule
Lister Platz 6, 30161 Hannover

Hannover, 20.10.20..

Antrag auf Schulbefreiung für Ana Duarte, Klasse 4c

Sehr geehrter Herr Franske,

leider ist mein Vater in Portugal gestorben. Die Beerdigung findet am 3. November statt. Deshalb möchten wir am 2. November nach Lissabon fliegen. Natürlich soll auch Ana dabei sein. Bitte befreien Sie meine Tochter vom 2. bis zum 4. November vom Unterricht. Vielen Dank für Ihr Verständnis.

Mit freundlichen Grüßen
Pedro Duarte

2 Ein Antrag auf Schulbefreiung. Ordnen Sie zu.

bei diesem wichtigen Familienfest dabei sein | ~~Schulbefreiung~~ | bis zum späten Sonntagabend dauert | befreien Sie unseren Sohn Leo | feiert meine Mutter ihren 80. Geburtstag | am Wochenende nach Konstanz fahren

Antrag auf Schulbefreiung für Leo Hobrecht, Klasse 2b

Sehr geehrte Frau Helms,

am kommenden Sonntag ____________________.
Deshalb wollen wir ____________________.
Natürlich möchte auch Leo ____________________.
Weil die Feier ____________________,
können wir erst am Montag, dem 19. September, zurückfahren. Bitte __________
____________________ an diesem Tag vom Unterricht.
Vielen Dank für Ihr Verständnis.

Mit freundlichen Grüßen
Friederike Hobrecht

3 Schreiben Sie einen Antrag auf Schulbefreiung für Sascha Danu.

Sascha geht in die Bonifatiusschule, Klasse 4a. Die Klassenlehrerin heißt Susanne Welsch. Saschas große Schwester lebt in München und heiratet dort. Die Hochzeit findet am Freitag, 23. Mai, statt. Die Eltern möchten mit Sascha schon am Donnerstag nach München fahren. Sie brauchen eine Schulbefreiung für den 22. und 23. Mai.

IM BERUF *Informationen zu Ausbildungsberufen*

1 Wo finden Sie die Informationen in den Berufsporträts? Ordnen Sie zu.

~~Voraussetzung~~ | Tätigkeit | Arbeitsmöglichkeiten | Einkommen | Entwicklungsmöglichkeiten

a Wie viel kann man in dem Beruf verdienen? ______
b Wo kann man arbeiten? ______
c Welchen Schulabschluss braucht man? *Voraussetzung*
d Was genau macht man in diesem Beruf? ______
e Welche Weiterbildungen kann man machen? ______

Ⓐ KFZ-MECHATRONIKER/-IN

Ausbildung: 3 ½ Jahre
Voraussetzung: mindestens Hauptschulabschluss
Tätigkeit: Kfz-Mechatroniker/-innen prüfen und reparieren Pkw oder montieren Bauteile in Pkw.
Arbeitsmöglichkeiten: in Werkstätten, bei Pannenhilfsdiensten (z. B. beim ADAC), aber auch in der Autoindustrie
Einkommen: als Angestellte/r ca. 2.500 Euro brutto monatlich
Entwicklungsmöglichkeiten: verschiedene Weiterbildungen, z. B. zum/zur Kfz-Meister/-in, Kfz-Techniker/-in, Selbstständigkeit, z. B. in eigener Kfz-Meisterwerkstatt

Ⓑ BERUFSKRAFTFAHRER/-IN

Ausbildung: 3 Jahre
Voraussetzung: mindestens Hauptschulabschluss
Tätigkeit: Berufskraftfahrer transportieren Waren aller Art in Lkw. Im Personenverkehr fahren sie Busse im Linien- oder Reiseverkehr.
Arbeitsmöglichkeiten: Berufskraftfahrer/-innen arbeiten im Warentransport, z. B. bei Speditionen oder im Post- und Kurierdienst. Arbeitgeber im Personenverkehr sind z. B. Verkehrsbetriebe oder Reiseunternehmen.
Einkommen: als Angestellte/r bis zu 2.000 Euro monatlich
Entwicklungsmöglichkeiten: verschiedene Weiterbildungen, z. B. Meister/-in für Kraftverkehr, Verkehrsfachwirt/-in, Selbstständigkeit, z. B. mit Transportfirmen

2 Lesen Sie die Porträts noch einmal und korrigieren Sie die Sätze.

Ⓐ 1 Die Ausbildung zum/zur Kfz-Mechatroniker/-in dauert drei Jahre. ______
2 Man kann sich später zum Hausmeister weiterbilden. ______
Ⓑ 3 Für die Ausbildung braucht man keinen Schulabschluss. ______
4 Angestellte Fahrer verdienen mehr als 2.000 Euro monatlich. ______

WORTSCHATZ
Einkommen das, -
Entwicklungsmöglichkeit die, -en
Meister der, -
prüfen
Tätigkeit die, -en
transportieren

WIEDERHOLUNGSSTATION: WORTSCHATZ

1 Ergänzen Sie das Gespräch.

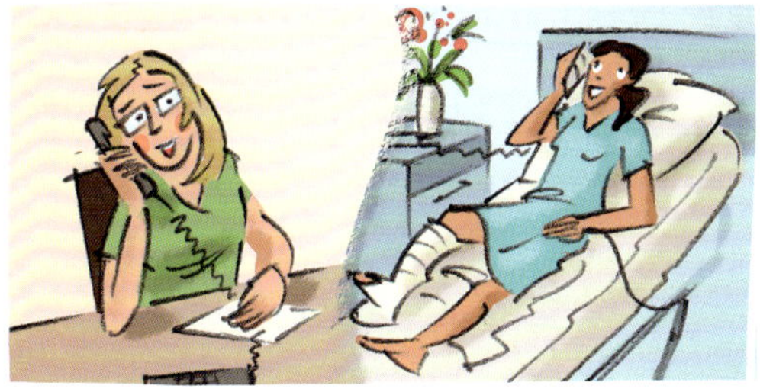

- ■ Hallo, Frau Rudnik, hier spricht Marietta. Ich kann leider die nächsten Wochen nicht in den Deutschkurs kommen, ich hatte einen U n f a l l (a) .
- ● Oje! Was ist passiert? Sind Sie im K _ _ _ _ _ _ _ _ _ _ _ _ (b)?
- ■ Ja. Ich bin mit dem Fahrrad hingefallen. Mein Bein hat geblutet. Dann ist der K _ _ n _ _ _ w _ _ _ _ (c) gekommen und hat mich in die N _ _ a _ _ _ _ _ _ _ _ (d) gebracht. Dort hat man mich operiert. Jetzt habe ich einen großen V _ _ _ _ _ _ (e) und muss noch liegen. ...

2 Rätsel

a Lesen Sie die Sätze und ergänzen Sie die Tabelle. Drei Felder bleiben leer.

1 Herr Olfert arbeitet zusammen mit zwei Mitarbeitern in einem Team. Er ist wie seine Kollegen selbstständig.
2 Herr Simonis arbeitet täglich von 7 bis 19 Uhr.
3 Die Firma von Herrn Nesan produziert Nudeln.
4 Herr Koch geht mindestens einmal pro Woche ins Fitnesstraining. Manchmal arbeitet er vormittags, manchmal nachmittags.
5 Herr Nesan hat nur sehr selten Zeit für Sport, liebt aber Fußball.
6 Ein Mann macht nie Sport. Er ist der Chef einer Firma.
7 Ein Mann ist Arbeiter und steht am Fließband. Seine Firma produziert Lkws.
8 Ein Mann arbeitet von montags bis donnerstags. Es ist nicht Herr Olfert.
9 Ein Mann geht regelmäßig zweimal pro Woche in einen Verein und spielt Badminton. Seine Firma produziert Handys.

Name	Herr Simonis	Herr Olfert	Herr Nesan	Herr Koch
Wie arbeitet er?		ist selbstständig arbeitet im Team		
Wann arbeitet er?				
Was produziert seine Firma?				
Wie oft macht er in seiner Freizeit Sport?				

b Beantworten Sie die Fragen.

Wer arbeitet nur vormittags? Wer produziert Lampen? Wer arbeitet als Angestellter?

WIEDERHOLUNGSSTATION: GRAMMATIK

1 Was kann man in unserer Firma besser machen?

a Lesen Sie die Probleme und ordnen Sie zu.

1 Arbeitsbedingungen nicht gut
2 zu wenig Geld für Arbeiter in der Produktion
3 Produktion: zu oft Reparaturen
4 zu wenig Kontakt zu Kollegen
5 nicht alle Kollegen können gut Englisch

- mehr Lohn bekommen sollen ◯
- an Englischkursen teilnehmen können ◯
- die Arbeitsbedingungen besser machen sollen ①
- regelmäßig Teamsitzungen machen können ◯
- neue Maschinen kaufen sollen ◯

b Schreiben Sie Vorschläge im Konjunktiv.

1 Wir sollten die Arbeitsbedingungen besser machen.
2 Die Arbeiter ______________________.
3 Die Firma ______________________.
4 Wir ______________________.
5 Die Mitarbeiter ______________________.

2 Ergänzen Sie *denn*, *deshalb* oder *weil*.

Kennen Sie das auch?
Ab nächster Woche treibe ich regelmäßig Sport, denn (a) ich will endlich mehr für meine Gesundheit tun. Am Montag muss ich bis spät abends arbeiten, __________ (b) habe ich keine Zeit für das Fitnessstudio. Aber das ist nicht so schlimm, __________ (c) dienstags gibt es ja schon um 8 Uhr einen Yogakurs. Ach was, ich kann ja auch am Mittwoch zum Schwimmen gehen. – Oje, die Badehose passt nicht mehr, __________ (d) ich in den letzten Monaten ein bisschen dicker geworden bin. Ich könnte ja später Gymnastik machen, aber das ist eigentlich langweilig. Joggen kann ich heute leider auch nicht, __________ (e) es den ganzen Tag regnet. Dann fange ich eben nächste Woche an.

3 Ergänzen Sie die Endungen der Adjektive.

Frage von Princess: Wie kann ich am schnellsten abnehmen? Funktioniert eine Nulldiät?
Antwort von Elli12 vor 4 Stunden:
Mach auf keinen Fall eine Nulldiät. Das ist nicht gut. Bei einer gesunden (a) Diät darf man auch etwas essen. An deiner Stelle würde ich den Tag mit einem leicht____ (b) Frühstück beginnen: Iss ein klein____ (c) Brötchen mit mager____ (d) Käse. Am besten trinkst du frisch gepresst____ (e) Saft dazu. Schwarz____ (f) Tee oder Kaffee mit fettarm____ (g) Milch ist auch okay. Mittags gibt es Nudeln, Fleisch oder auch mal gesund____ (h) Fisch. Iss roh____ (i) Gemüse mit mager____ (j) Quark oder grün____ (k) Salat mit Tomaten und Gurken. Du musst unbedingt viel trinken. An deiner Stelle würde ich auch Sport machen. Geh doch joggen, dann hast du auch gleich frisch____ (l) Luft. So habe ich 10 Kilo abgenommen. Das kannst du auch!

TRAINING: AUSSPRACHE

„ch“ – Lektion 7

▶ 1 36 **1 Hören Sie und markieren Sie blau („ch“ wie in „ach“) und grün („ch“ wie in „ich“).**

a ach – ich
b auch – euch
c mach – mich
d doch – dich
e macht – möchte
f nachts – nichts

▶ 1 37 **Hören Sie noch einmal und sprechen Sie nach.**

2 Ergänzen Sie die Regel.

ich | ach

REGEL
Nach a, o, u und au klingt „ch“ wie in ______.
Nach e, i, ä, ö, ü, ei und eu/äu klingt „ch“ wie in ______.

▶ 1 38 **3 Hören Sie das Gespräch und sprechen Sie dann.**

■ Ich achte auf mich. Ich hebe Gewichte: mittwochs und am Wochenende, nachmittags und nachts.
▲ Ach ja? Ich mache nachts nichts.
● Das macht doch nichts. Ich auch nicht. Nachts möchte ich schlafen.

Satzakzent: Gefühle ausdrücken – Lektion 8

▶ 1 39 **1 Hören Sie und markieren Sie den Satzakzent.**

a Was ist los? ↘
b Ist alles in Ordnung? ↗
c Ich habe so Schmerzen. ↘
d Oh →, das tut mir echt leid. ↘
e Hoffentlich hast du nichts Schlimmes. ↘
f Ich habe total Angst. ↘
g Geh doch zum Arzt. ↘
h Vorsicht! ↘ Es kann auch das Herz sein. ↘

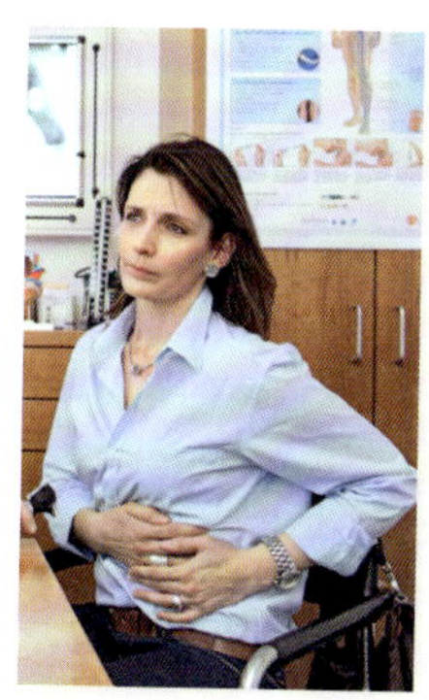

▶ 1 40 **Hören Sie noch einmal und sprechen Sie nach.**

TRAINING: AUSSPRACHE

„ei“ und *„ie“* – Lektion 9

▶1 41 **1 Hören Sie und sprechen Sie nach.**

Bauteile produzieren – gleich geblieben – am Fließband arbeiten – viel reisen – Industrie und Technologie

2 Was ist richtig? Kreuzen Sie an.

REGEL
Man spricht „ei“ als
◯ „e + i“. ◯ „a + i“.
Man spricht „ie“ als
◯ langes „i“. ◯ kurzes „i“.

3 Ergänzen Sie „ei“ oder „ie“ und lesen Sie die Sätze laut.

a D____ Pr____se st____gen. Aber nicht b____ uns!

b Mitarb____ter gesucht – Top-Arb____ts-bedingungen.

c Erfolgr____cher Industr____betr____b b____tet flexible Arb____tsz____ten.

d Kl____ne Büros fr____. Jetzt m____ten zu günstigen Pr____sen.

▶1 42 **Hören Sie und vergleichen Sie.**

SELBSTEINSCHÄTZUNG *Das kann ich!*

Ich kann jetzt …

… um Rat bitten: L07 ◯ ◯ ◯

Welche Sportart w____________ du mir e__________________?
Ich möchte gern Sport machen. Hast du ________ T__________ für mich?

… Ratschläge geben: L07 ◯ ◯ ◯

An __________ __________ würde ich ________________________________.
Du k________________ aber auch ________________________________.

… Sorge ausdrücken: L08 ◯ ◯ ◯

Was ist ______?
Ist alles in ____________________?
Ich habe ______________ vor Herzkrankheiten.

… Hoffnung ausdrücken: L08 ◯ ◯ ◯

__________________ hast du nichts Schlimmes!
Ich ___________, es ist alles in Ordnung.

… Mitleid ausdrücken: L08 ◯ ◯ ◯

Das finde ich aber ________________.
Oh, das _______ mir wirklich sehr ________.

… Wichtigkeit ausdrücken: L09 ◯ ◯ ◯

▲ Ich möchte gern im Ausland arbeiten.
■ Ist _______ das _____________?
▲ Ja, sehr. Und dir?
■ __________ ist das nicht so ________________.

SELBSTEINSCHÄTZUNG *Das kann ich!*

Ich kenne …

… 10 Sportarten: L07
Die interessieren mich: ____________________
Die interessieren mich nicht: ____________________

… 8 Wörter zum Thema „Krankheit und Unfall“: L08
____
____

… 8 Wörter zu Beruf und Arbeitsleben: L09
____
____

Ich kann auch …

… Zeitangaben machen (temporale Adverbien: *morgens*; temporale Präposition: *zwischen*): L07
Wann sollte Herr Peters keine Kohlenhydrate mehr essen? __________ (am Abend).
Wann treffen wir uns zum Schwimmen? __________ 7.00 und 7.15 Uhr.

… Vorschläge machen und Ratschläge geben (Konjunktiv II von *können*, *sollen*): L07
Dann __________ wir mal über Ihren Fitnessplan sprechen. (sollen)
Wir __________ montags und mittwochs joggen gehen. (können)

… Gründe angeben (Satzverbindung: *weil*, *deshalb*): L08
Du hast Probleme, __________ du zu viel auf deinen Körper hörst.
Du hörst zu viel auf deinen Körper. __________ hast du Probleme.

… Nomen näher beschreiben (Adjektive ohne Artikel): L09
Suche ordentlich____ Haushaltshilfe für 10 Stunden pro Woche bei flexibl____ Arbeitszeit.
Gut____ Kfz-Mechatroniker mit viel Berufserfahrung sucht Festanstellung.

Üben/Wiederholen möchte ich noch:

____

Gut, dass du reserviert hast.

KB 3 WÖRTER

1 Was passt? Ordnen Sie zu.

a Ich möchte meine Freunde zum Essen — einladen.
b Wir müssen für morgen Abend einen Tisch
c Ich will endlich mal in das neue Lokal am Marktplatz
d Du könntest wenigstens ein Glas Wasser
e Ich will nicht schon wieder Pommes frites

essen.
trinken.
gehen.
einladen.
reservieren.

KB 3 STRUKTUREN

2 Was passt? Kreuzen Sie an.

a ■ Hier in diesem Lokal ist es doch ganz schön, oder?
▲ Ja, aber ☒ ich finde, ◯ ich weiß, dass es zu laut ist.

b ■ Ich kann leider nicht zu deiner Geburtstagsfeier kommen.
▲ ◯ Schade, ◯ Gut, dass du keine Zeit hast.

c ■ Soll ich den Thunfisch bestellen?
▲ Nimm lieber Fleisch. ◯ Ich denke, ◯ Ich hoffe, dass dir der Fisch nicht schmeckt.

d ◯ Kann es sein, ◯ Findest du, dass es hier keine Pommes frites gibt?

e ◯ Gut, ◯ Ich glaube, dass du gekommen bist. Kannst du mir helfen?

KB 3 STRUKTUREN ENTDECKEN

3 Schreiben Sie die *dass*-Sätze aus 2 in die Tabelle.

	Konjunktion		Verb
a Ja, aber ich finde,	dass	es zu laut	ist.
b			
c			
d			
e			

KB 3 STRUKTUREN

4 Wie finden Sie das neue italienische Restaurant? Ergänzen Sie.

a Gut, dass die Preise nicht so hoch sind. (sein – die Preise – nicht so hoch)

b Ich hoffe, dass ______________________.
(immer so gut – das Essen – schmecken)

c Ich weiß, dass ______________________. Deshalb schmeckt das Essen so gut.
(der Koch – kommen – aus Italien)

d Schön, dass ______________________.
(können – essen – man – so tolle Nudelgerichte)

e Ich glaube, dass ______________________.
(sein – besser – das Essen im „Rialto")

f Ich denke, dass ______________________.
(geben – es – schon genug italienische Lokale)

KB 3 **5** **Schreiben Sie Sätze wie in 4 zum Thema „Essen". Sie können die Satzanfänge aus 3 und 4 benutzen. Ihre Partnerin / Ihr Partner ergänzt die Sätze.**

Ich weiß, dass ____________________
(Pommes frites – sein – nicht gesund)

Schön, dass ____________________
(du – haben gekocht – für mich)

KB 3 **6** **Ordnen Sie zu und schreiben Sie Sätze mit *dass*.**

STRUKTUREN

Kann es sein | Ich weiß | ~~Ich hoffe~~ | Schade | Ich finde | Schön

a Hoffentlich bringt der Kellner das Essen bald.
b In diesem Lokal gibt es leider keine rote Grütze.
c Darf man hier nicht rauchen?
d Du hast mich eingeladen.
e Der Wein sollte ein bisschen wärmer sein.
f Nach dem Essen trinkt Elke nie einen Kaffee.

a Ich hoffe, dass der Kellner das Essen bald bringt.
b …

KB 5 **7** **Ergänzen Sie.**

WÖRTER

a 
das
S*teak*

b 
S _ h _ _ _ _ _ _ _

c 
Hä _ _ c _ _ _

d 
S _ ß _

e 
E _ _ i _

f 
_ _

KB 6 **8** **Ordnen Sie zu und schreiben Sie die Nomen mit Artikel.**

WÖRTER

~~Essig~~ | Tasse | Löffel | Salz | Zucker | Kanne | Messer | Pfeffer | Gabel | Öl | Teller

das Besteck	das Geschirr	Was steht noch auf dem Tisch?
		der Essig

KB 7 **9** **Im Restaurant bestellen. Ordnen Sie zu.**

KOMMUNIKATION

bringen Sie mir lieber | sondern | kann ich Ihnen bringen | Moment, bitte | hätte gern | nicht mit | ~~würde gern bestellen~~

- ■ Entschuldigung. Ich würde gern bestellen (a).
- ● Einen ______ (b). Ich komme gleich. Was ______ (c)?
- ■ Ich ______ (d) ein Wiener Schnitzel. Aber ______ (e) Kartoffelsalat, ______ (f) mit Pommes frites.
- ● Gern. Und was möchten Sie trinken?
- ■ Ein Mineralwasser, bitte. Ach nein, ______ (g) ein kleines Bier.

KB 8 **10** **Reklamieren: Wie reagiert der Kellner? Ordnen Sie zu.**

KOMMUNIKATION

a Die Kartoffeln waren versalzen. — 5
b Verzeihen Sie, aber die Suppe ist kalt.
c Das Mineralwasser ist zu warm.
d Die Gabel ist nicht sauber.
e Wir haben nur Öl für unseren Salat.

1 Oh! Das tut mir leid. Sie bekommen sofort ein anderes.
2 Einen Augenblick, bitte. Ich bringe Ihnen gleich Essig.
3 Oh! Das tut mir leid. Ich bringe eine neue Suppe.
4 Oh! Entschuldigung. Hier haben Sie neues Besteck.
5 Ich gebe es an die Küche weiter.

KB 8 **11** **Bezahlen: Sortieren Sie das Gespräch.**

KOMMUNIKATION

◯ Vielen Dank.
◯ Das macht 17,90 Euro.
◯ Hier bitte, stimmt so.
◯ Zusammen oder getrennt?
① Die Rechnung, bitte.
◯ Zusammen, bitte.

KB 9 ▶ 1 43 **12** **Im Restaurant. Hören Sie das Gespräch und ergänzen Sie die Rechnung.**

HÖREN

RESTAURANT *Seeblick*

Rechnung – Kellner: 2 – Tisch: 4

Fischsuppe	______
______ mit ______	______
______ groß	3,70
Portion ______ klein	4,00
Kännchen ______	4,50
Euro:	______

TRAINING: LESEN

1 Lesen Sie die Kommentare im Gästebuch vom Restaurant „Seeblick".

Was finden die Gäste positiv, was negativ? Markieren Sie die Meinungen der Gäste mit zwei Farben (grün= positiv; rot = negativ).

RESTAURANT *Seeblick* GÄSTEBUCH

Franz am 12. März: Wir hatten eine Reservierung. Aber wir haben trotzdem lange auf unseren Tisch und das Essen gewartet. Außerdem waren die Kellner nicht besonders freundlich. Wenigstens kann man sich nicht über das Essen beschweren. Es ist gut und die Portionen sind groß.

Lola am 20. Mai: Das Lokal ist total nett und sehr beliebt, aber auch ein bisschen laut. Leider muss man einen Tisch reservieren. Schade finde ich, dass das Restaurant erst um 12 Uhr aufmacht. Ich würde gern schon um 11 Uhr zu Mittag essen.

Ela am 14. Juni: Ich finde das Restaurant nicht so gut. Mein Salat war leider nicht mehr ganz frisch und die Soße zum Fleisch versalzen. Es kann doch nicht sein, dass man für so ein Essen auch noch über 20 Euro bezahlen muss?

Jana am 1. Juli: Ich war gestern Abend im „Seeblick" zu einem Geburtstag eingeladen. Die Kellner waren sehr nett. Vielleicht, weil das Restaurant ziemlich leer war und sie nicht so viel Arbeit hatten. Aber mit der Speisekarte hatte ich ein Problem: Ich bin Vegetarierin, aber auf der Karte gibt es nur Gerichte mit Fleisch oder Fisch. Deshalb habe ich nur einen Salat gegessen. Ich finde, dass heute jedes Restaurant auch vegetarisches Essen anbieten sollte.

Ricardo am 15. Juli: Das Restaurant liegt wirklich sehr nett. Von der Terrasse kann man über den ganzen See sehen, das finde ich toll. Das Essen ist für meinen Geschmack ein bisschen langweilig. Aber die Frucht-Cocktails sind lecker und von 15 bis 18 Uhr bekommt man sie zum halben Preis. Wir gehen deshalb gern am Sonntagnachmittag ins „Seeblick".

2 Wer schreibt was? Ergänzen Sie die Namen.

a Lola findet es schade, dass man reservieren muss.
b ________ findet, dass der Service besser sein könnte.
c ________ ärgert sich, dass das Lokal teuer ist.
d ________ meint, dass die Kellner freundlich sind.
e ________ findet, dass man eine schöne Aussicht hat.
f ________ findet, dass es in dem Lokal zu laut ist.
g ________ beschwert sich über das schlechte Essen.
h ________ meint, dass das Restaurant schon früher öffnen sollte.
i ________ freut sich, dass es auch günstige Angebote gibt.
j ________ findet es gut, dass man viel Essen bekommt.
k ________ ärgert sich, dass es keine vegetarischen Gerichte gibt.

TIPP

Sie verstehen einen Text nicht genau? Beim ersten Lesen müssen Sie noch nicht jedes Wort verstehen, sondern nur die Idee, z. B. ist in einem Kommentar etwas positiv oder negativ?

TEST

1 Im Restaurant. Ergänzen Sie.

WÖRTER

a ■ Entschuldigung, ich habe kein Besteck.
● Hier ist der ________________ für Ihre Suppe.

b ■ Ich möchte gern einen Tee.
● Eine Tasse oder eine ________________?

c ■ Der Salat schmeckt langweilig. Bringen Sie mir bitte Essig und ________________.
● Gern. Hier sind auch Salz und ________________.

d ■ Bitte, hier ist Ihr Kaffee.
● Danke. Kann ich bitte Milch und ________________ haben?

e ■ Können Sie uns bitte die ________________ bringen?
● Zahlen Sie zusammen oder ________________?

_ / 7 PUNKTE

2 Schreiben Sie Sätze mit *dass*.

STRUKTUREN

a Die Pommes sind versalzen. Ich finde, dass die Pommes versalzen sind.
b Die Suppe ist kalt. Kann es sein, dass ________________?
c Es gibt einen Obstsalat. Gut, dass ________________.
d Hoffentlich haben sie Apfelkuchen. Ich hoffe, dass ________________.

_ / 3 PUNKTE

3 Ordnen Sie zu und schreiben Sie Sätze mit *dass*.

STRUKTUREN

Schön | Schade | Ich glaube | ~~Kann es sein~~ | Ich hoffe

a Der Kellner hat den Salat vergessen.
b Hoffentlich bekommen die Kinder bald ihr Essen.
c Das Lokal hat wahrscheinlich montags geschlossen.
d Leider darf ich keine Milchprodukte essen.
e Unser Chef hat die Rechnung bezahlt.

a Kann es sein, dass der Kellner den Salat vergessen hat?

_ / 4 PUNKTE

4 Ordnen Sie zu.

KOMMUNIKATION

Ich möchte bitte | Verzeihen Sie | Das tut mir | Was kann ich Ihnen | Ich hätte | Ich gebe es

a ■ ________________ (1) bestellen.
● ________________ (2) bringen?
■ ________________ (3) gern einen Apfelsaft.

b ▲ ________________ (4), aber der Löffel ist nicht sauber.
◆ Oh! ________________ (5) leid. Ich bringe Ihnen einen anderen.
▲ Und die Suppe ist kalt und versalzen.
◆ ________________ (6) an die Küche weiter.

_ / 6 PUNKTE

Wörter		Strukturen		Kommunikation	
🔴	0–3 Punkte	🔴	0–3 Punkte	🔴	0–3 Punkte
🟡	4–5 Punkte	🟡	4–5 Punkte	🟡	4 Punkte
🟢	6–7 Punkte	🟢	6–7 Punkte	🟢	5–6 Punkte

www.hueber.de/menschen-hier

LERNWORTSCHATZ

1 Wie heißen die Wörter in Ihrer Sprache? Übersetzen Sie.

Im Restaurant

Besteck das, -e

Gabel die, -n

Glas das, ¨-er

Kanne die, -n

Löffel der, -

Lokal das, -e

Messer das, -

Rechnung die, -en

Die Rechnung, bitte!

Tasse die, -n

Teller der, -

reservieren, hat reserviert

stimmen

stimmt so

zusammen ↔ getrennt zahlen

Augenblick

Einen Augenblick, bitte!

Moment

Einen Moment, bitte!

Verzeihen Sie

Lebensmittel und Speisen

Essig der, -e

Hähnchen das, -

Öl das, -e

Pommes frites die (Pl.)

Salz das

Soße die, -n

Schnitzel das, -

Steak das, -s

Zucker der

Weitere wichtige Wörter

reagieren, hat reagiert

wenigstens

dass

sondern

> TIPP
> Was passt zusammen?
> Lernen Sie Wortpaare.
>
> Essig – Öl

2 Welche Wörter möchten Sie noch lernen? Notieren Sie.

Ich freue mich so.

KB 3 **1** **Schreiben Sie die Wörter richtig.**

WÖRTER

a

Papeterie Müller & Söhne
Bei uns finden Sie alles aus Papier: Postkarten (karPostten), Briefpapier, ______________________ (umBriefgeschlä), ______________(teHef), ______________________ (blöNocketiz), Kalender und noch viel mehr!

b

INDIVIDUELLE MÖBEL
In unserer ______________________ (Westattrk) ______________________ (enstell) wir Möbel nach den Wünschen von unseren ______________________ (enKudn) ____________ (reh). Und wir ______________________ (denverwen) kein Holz aus dem Regenwald. Modelle finden Sie auf unserer Homepage.

c

Günstiger Reiseveranstalter: Wir ______________________ (orsierganien) Reisen für Jugendliche und ______________________ (gejun) ______________________ (eneErwachs).

d

Warum steigen in der letzten Zeit die Preise so ______________ (rksta)?
Was sind die ______________________(deGrün)?
Lesen Sie den ______________________ (keltiAr) auf Seite 12.

KB 4 **2** **Ordnen Sie zu.**

KOMMUNIKATION

würde ich auch gern arbeiten | ~~denke~~ | Meiner Meinung nach | gefällt mir besonders gut | besten gefällt uns | finde es schrecklich | würde nicht gern | bin froh

SECOND-HAND-MÖBELHAUS GÄSTEBUCH

Erstellt von	Kommentar
Name: Lina am 3. März	Ich denke (a), dass so ein Möbelhaus eine gute Idee ist. Aber ich selbst ______________________ (b) Second-Hand-Möbel kaufen. Denn ich möchte keine Möbel von anderen Leuten. Ich ______________________ (c), dass ich genug Geld für neue Möbel habe.
Name: Alexander am 12. April	Ich ______________________ (d), dass man Möbel so oft wegwirft und dann neue kauft. Deshalb ______________________ (e), dass Sie wirklich tolle Second-Hand-Möbel verkaufen.
Name: Familie Leuner am 12. April	Wir kaufen gern bei Ihnen ein. Am ______________________ (f), dass der Service so gut ist. In Ihrer Firma ______________________ (g), weil das Betriebsklima so gut ist.
Name: Maria am 12. April	______________________ (h) sollten Sie auch Kleidung und andere Second-Hand-Waren verkaufen, nicht nur Möbel.

KB 5

3 Ordnen Sie zu.

WÖRTER

Glas | ~~Holz~~ | Briefumschläge | Stoff | Schmuck

a Mein neuer Schrank ist aus dunklem Holz.

b Dein Kleid ist aus einem sehr schönen ______________ .

c In dem ______________ geschäft in der Müllerstraße gibt es tolle Ringe.

d Für die Einladungskarten habe ich ______________ aus farbigem Papier gekauft.

e Ich finde Plastikflaschen nicht gut. Deshalb kaufe ich nur noch Flaschen aus ______________ .

KB 6

4 Was passt zusammen?

STRUKTUREN ENTDECKEN

a Ordnen Sie zu.

1 Streitet	dich doch ein bisschen aus.
2 Verstehen Sie	sich die Kunden.
3 Wir fühlen	sich noch an ihren ersten Arbeitstag erinnern.
4 Ich möchte	mich mit dir unterhalten.
5 Ruh	uns heute sehr gut.
6 Manchmal beschweren	sich mit Ihrer Kollegin?
7 Tina kann	euch doch nicht immer!

b Ergänzen Sie die Pronomen aus **a** in der Tabelle.

ich	unterhalte		
du	ruhst	dich	aus
er/es/sie/man	erinnert		
wir	fühlen		
ihr	streitet		
sie/Sie	beschweren		

KB 6

5 Schreiben Sie Aussagesätze und Fragen.

a Versteht ihr euch gut?

STRUKTUREN

a gut verstehen? (ihr)
b ein bisschen ausruhen können (du)
c nie mit den Kollegen verabreden? (Klaus)
d nicht oft ärgern (wir)
e beschweren (die Gäste)
f mit Paula unterhalten (ich)

KB 6

6 Schreiben Sie fünf Sätze mit Reflexivpronomen wie in Übung 4a auf Papierstreifen.

Schneiden Sie die Sätze vor dem Reflexivpronomen auseinander.
Ihre Partnerin / Ihr Partner kombiniert die passenden Sätze.

Wir ruhen | uns aus.

STRUKTUREN

KB 7 **7** Ergänzen Sie die Sätze. Achten Sie auf die Reflexivpronomen.

Hallo Jan,
wie geht´s Dir? Ich habe im Moment leider ein bisschen Stress im Job.
Außerdem *habe ich mich über einen Kollegen geärgert* (a) (ich – über einen Kollegen – geärgert haben). Er ______________________ (b) (die ganze Zeit – mit einer anderen Kollegin – unterhalten haben). Da ______________________ (c) (eine Kundin – beschwert haben) und der Kollege hat nicht gut reagiert. Das habe ich ihm gesagt und dann ______________________ (d) (wir – gestritten haben). ______________________ (e) (du – verstehen) eigentlich gut mit Deinen Kollegen? Zum Glück kommt bald das Wochenende. Ich ______________________ (f) (freuen – schon). Am Sonntag ______________________ (g) (wir – treffen können).
Hast Du Zeit?
Bis dann Heike

KOMMUNIKATION

KB 8 **8** Was sagen die Personen? Ergänzen Sie.

a

Ich wünsche e___ ___ ___ v___ ___l G___ü___ ___!

c

Ich w___n___ ___ ___e dir a___le___ Gu___ ___.

b

H___r___l___ ___h w___l___ ___o___m___n!

d

V___e___ E___ ___o___g!

SCHREIBEN

KB 8 **9** Eine Glückwunschkarte

a **Ordnen Sie zu.**

~~Wir freuen uns auf die nächsten … Jahre~~ | Herzlichen Glückwunsch zu … | Wir bedanken uns für … | Alles Gute zu … | Vielen Dank für … | Wir gratulieren Ihnen zu … | Wir danken Ihnen für … | Wir wünschen Ihnen für die nächsten … Jahre viel Erfolg / alles Gute.

gratulieren	sich bedanken	Wünsche für die Zukunft
		Wir freuen uns auf die nächsten … Jahre.

b **Schreiben Sie eine Glückwunschkarte. Benutzen Sie Sätze aus a.**
Ihre Kollegin / Ihr Kollege arbeitet seit zehn Jahren zusammen mit Ihnen in einer Firma.

- Überlegen Sie sich zuerst: Möchten Sie Du oder Sie sagen?
- Schreiben Sie zu folgenden Punkten:
  – Gratulieren Sie.
  – Bedanken Sie sich für die Zusammenarbeit.
  – Schreiben Sie auch Wünsche für die Zukunft.
- Vergessen Sie die Anrede und den Schluss nicht.

TRAINING: SPRECHEN

1 Das Second-Hand-Kaufhaus

a Lesen Sie den Text und notieren Sie.

- Was soll man mit alten Sachen machen? *Man kann sie ins Second-Hand-Kaufhaus bringen.*
- Wem hilft das Kaufhaus?
- Was gefällt den Kunden?

Ihr Sofa passt nicht mehr in die neue Wohnung? Ihr Schrank ist voll mit alten Hosen und Pullovern, es gibt keinen Platz für neue Kleidung? Sie haben eine Mikrowelle, aber Sie benutzen sie nie? Ihre Tochter braucht ihre Kinderbücher nicht mehr? Sie müssen nicht gleich alles wegwerfen. Bringen Sie die Sachen ins Second-Hand-Kaufhaus. Seit drei Monaten gibt es dieses Kaufhaus am Alten Markt. Auf zwei Stockwerken verkauft man dort Möbel, Haushaltsgeräte, Bücher, Spielzeug, Geschirr, Kleidung, Schmuck und vieles mehr. Die meisten Kunden kommen, weil man hier so günstig einkaufen kann. Andere freuen sich über die besondere Auswahl: Viele Dinge findet man nur hier und in keinem anderen Laden in der Stadt. Außerdem hilft das Second-Hand-Kaufhaus Menschen ohne Arbeit, denn viele Mitarbeiter waren lange arbeitslos. Hier haben Sie wieder eine Chance bekommen.

b Machen Sie eine Tabelle und ordnen Sie zu.

~~Ich glaube (nicht), dass …~~ | Ich finde es schön, dass … | Am besten / Besonders gut gefällt mir, dass … | Ich finde es schrecklich/traurig/schlimm, dass … | Ich bin froh, dass … | Ich denke (nicht), dass … | Meiner Meinung nach ist es (sehr) gut, dass …

positiv	*neutral*	*negativ*
	Ich glaube (nicht), dass …	

c Sagen Sie Ihre Meinung zu folgenden Sätzen. Die Sätze in b helfen.

- Viele Läden bieten die gleichen Waren an.
- Es gibt viele arbeitslose Menschen.
- Im Second-Hand-Kaufhaus kann man alte Sachen kaufen.
- Arbeitslose haben eine Chance bekommen.

TIPP: Sie machen beim Sprechen viele Fehler? Konzentrieren Sie sich nur auf eine Sache, z. B.: In *dass*-Sätzen steht das Verb immer am Ende.

2 Wie ist Ihre Meinung zu Second-Hand-Läden und Kaufhäusern? Erzählen Sie.

TEST

1 Ordnen Sie zu.

Wörter

Rucksäcke | Artikel | ~~Werkstatt~~ | Meinung | Mitarbeiterinnen | Schmuck | Briefpapier

■ Wie geht es Tabea? Ich habe sie so lange nicht gesehen.

● Gut. Sie hat seit fünf Jahren eine eigene Werkstatt (a). Sie und ihre drei ______ (b) stellen aus alten Plastikflaschen Taschen her. Aktentaschen, Handtaschen und ______ (c). Aber sie machen auch ______ (d). Ich habe schon ein paar Ringe und Ketten von ihr gekauft.

■ Wo verkauft sie ihre Produkte? In ihrer Werkstatt?

● Nein. Kennst du das „Kunstkontor" in der Alten Gasse 10? Dort verkaufen viele Künstler. Die Sachen aus Papier wie die Notizblöcke oder das ______ (e) sind meiner ______ (f) nach besonders schön. Erst letzte Woche war ein ______ (g) über den Laden in der Zeitung.

_ / 6 Punkte

2 Schreiben Sie Sätze.

Strukturen

a Ich verstehe mich gut mit meinen Kollegen. (ich – sich verstehen – gut mit meinen Kollegen)
b ______? (du – sich erinnern – an den letzten Urlaub)
c ______. (meine Kinder – sich streiten – schon wieder)
d ______. (Tobias – sich ärgern – sehr)
e Hallo, Frau Huber. ______? (Sie – sich fühlen – wie)

_ / 4 Punkte

3 Alles Gute zum Jubiläum. Ordnen Sie zu.

Kommunikation

viel Erfolg | für die gute Zusammenarbeit | herzlichen Glückwunsch | finde es schön | wünschen Ihnen für die Zukunft | freue ich mich auch

Liebe Frau Fröhlich,

______ (a) zum fünfjährigen Jubiläum!
Ich ______ (b),
dass so viele Leute Ihre Produkte kaufen.
Natürlich ______ (c),
dass Sie Ihre schönen Taschen bei uns im „Kunstkontor" anbieten.
Wir danken Ihnen ______ (d)
und ______ (e) weiterhin
______ (f).

_ / 6 Punkte

Wörter		Strukturen		Kommunikation	
🔴	0–3 Punkte	🔴	0–2 Punkte	🔴	0–3 Punkte
🟡	4 Punkte	🟡	3 Punkte	🟡	4 Punkte
🟢	5–6 Punkte	🟢	4 Punkte	🟢	5–6 Punkte

www.hueber.de/menschen-hier

LERNWORTSCHATZ

1 Wie heißen die Wörter in Ihrer Sprache? Übersetzen Sie.

In der Firma

Kunde der, -n ______
Notiz die, -en ______
  Notizblock der, ¨-e ______
Werkstatt die, ¨-en ______

her·stellen,
  hat hergestellt ______
organisieren,
  hat organisiert ______
verwenden,
  hat verwendet ______

Produkte

Briefumschlag
  der, ¨-e ______
Handtasche die, -n ______

weg·werfen,
  du wirfst weg,
  er wirft weg
  hat weggeworfen ______

Glückwünsche

viel Erfolg ______
viel Glück ______

bedanken sich,
  hat sich bedankt ______
wünschen,
  hat gewünscht ______

TIPP
Lernen Sie Wörter mit Bewegung. Spielen Sie die Bedeutung von Wörtern.

Weitere wichtige Wörter

Artikel der, - ______
Erwachsene
  der/die, -n ______
Grund der, ¨-e ______
Meinung die,
  -en ______
  meiner Meinung
  nach ______
Schmuck der ______
Stoff der, -e ______

erinnern (sich),
  hat (sich) erinnert ______
fühlen (sich),
  hat (sich) gefühlt ______
streiten (sich),
  hat (sich)
  gestritten ______
unterhalten (sich),
  du unterhältst (dich),
  er unterhält (sich),
  hat (sich)
  unterhalten ______
verlieren,
  hat verloren ______

froh ______
jung ______
schrecklich ______
stark ______

willkommen ______

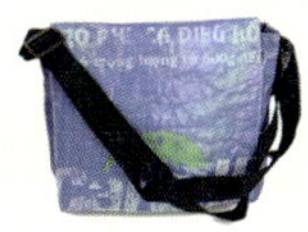

2 Welche Wörter möchten Sie noch lernen? Notieren Sie.

______
______
______
______
______
______

Wenn es warm ist, essen wir meist Salat.

KB 3 WIEDERHOLUNG WÖRTER

1 Was passt nicht? Streichen Sie das falsche Wort durch.

a Banane – Birne – Zitrone – ~~Zwiebel~~

b Fleisch – Quark – Braten – Wurst

c Obst – Mehl – Zucker – Salz

d Cola – Bohne – Saft – Kaffee

KB 3 WÖRTER

2 Ergänzen und vergleichen Sie.

	Deutsch	Englisch	Meine Sprache oder andere Sprachen
	Getreide	cereal/grain	
		fish	
		lemonade	
		mineral water	
		bread	
		tea	

KB 3 WÖRTER

3 Freizeitaktivitäten: Lesen Sie die Statistik und ordnen Sie zu.

Das machen die Deutschen in ihrer Freizeit.

die Hälfte | häufiger | doppelt | Prozent | ~~Rund~~

a Rund die Hälfte der Deutschen geht einmal pro Woche ins Internet.

b Circa ________________ so viele sehen mindestens einmal in der Woche fern.

c Genau ________________ der Deutschen macht mindestens einmal pro Woche gar nichts.

d Noch wichtiger ist den Deutschen das Ausschlafen. Das machen 65 ________________ der Deutschen mindestens einmal pro Woche.

e Zeitschriften und Zeitungen lesen rund 80 Prozent der Deutschen, aber noch ________________ telefonieren die Deutschen.

KB 4 **4** **Was hat Sie in Deutschland am meisten überrascht? Ergänzen Sie die Wörter.**

WÖRTER

a Es hat mich gewundert (uwrtngede), dass das Wetter im letzten Sommer so schön war und es ____________ (ukam) geregnet hat. Ich habe ____________ (gcheatd), dass es in Deutschland viel mehr regnet.

b Es hat mich ____________ (rüasbercht), dass die Deutschen im Sommer so viel in Straßencafés sitzen. Das ist ____________ (negsauo) wie in meiner Heimat.

c In Deutschland kommt man meistens pünktlich zu einer Einladung zum Essen. Das war mir nicht ____________ (alkr). Das ist bei uns ganz ____________ (danser).

d Ich finde es wirklich ____________ (sikmoch), dass so viele Deutsche Marmelade und Honig zum Frühstück essen. In meiner Heimat essen wir meistens Käse.

KB 4 **5** **Und was hat Sie in Deutschland am meisten überrascht? Schreiben Sie vier Sätze wie in 4. Ihre Partnerin / Ihr Partner ergänzt die Wörter.**

KB 5 **6** **Wenn es regnet, dann …**

STRUKTUREN ENTDECKEN

a Ordnen Sie zu.

Wir machen am liebsten eine Radtour, | Wenn meine Eltern kommen, | ~~Wenn es regnet,~~ | Wir holen uns eine Pizza,

dann brate ich leckere Steaks. | ~~dann bleibe ich am liebsten zu Hause und sehe mir einen Film an.~~ | wenn der Kühlschrank leer ist. | wenn die Sonne scheint.

1 Wenn es regnet, dann bleibe ich am liebsten zu Hause und sehe mir einen Film an.

2 ____________

3 ____________

4 ____________

b Lesen Sie die Sätze in **a** noch einmal, markieren Sie die Verben in den *wenn*-Sätzen. Kreuzen Sie dann an.

Wo kann der *wenn*-Satz stehen?	○ Vor dem Hauptsatz.	○ Nach dem Hauptsatz.
Wo steht das Verb in *wenn*-Sätzen?	○ Am Ende.	○ An Position 2.

KB 5 STRUKTUREN

7 Sortieren Sie die *wenn*-Sätze.

a schön – sein – das Wetter
Wenn das Wetter schön ist, (dann) grillen wir mit Freunden im Garten.

b unsere Mitbewohnerin – haben – Geburtstag
Wenn ____________________,
(dann) darf sie sich ein Essen aussuchen.

c gehen – wir – einkaufen
Wir kaufen immer Lebensmittel für die ganze Woche,
wenn ____________________.

KB 6 STRUKTUREN

8 Schreiben Sie Sätze mit *wenn*.

a Der Urlaub soll preiswert sein. Wir besuchen meine Eltern in der Türkei.
Wenn der Urlaub preiswert sein soll, (dann) besuchen wir meine Eltern in der Türkei.

b Mein Mann macht eine Diät. Er hat schlechte Laune.
Wenn ____________________.

c Er möchte scharf und vegetarisch essen. Maximilian isst indisch.
Maximilian isst indisch, ____________________.

d Kolja möchte sparen. Er isst kaum Fleisch und er kocht häufiger Nudeln.
Wenn ____________________.

KB 7

9 Hörer-Umfrage: Was ist Ihre Meinung?

▶1 44 HÖREN

a Was ist das Thema des Fernsehtipps? Hören Sie und kreuzen Sie an.

○ 1 **Kochen mit Tom!** Die neue Kochsendung mit dem Starkoch Tom Bälzer.

○ 2 **Restaurants im Test!** Der neue Restaurantführer von Tom Bälzer.

▶1 45

b Wer sagt was? Hören Sie weiter und kreuzen Sie an.

	Frau Bah	Frau Meißner	Herr Bielenberg
1 Ich interessiere mich nicht für Kochen.	○	○	○
2 Mir gefallen Kochsendungen im Fernsehen sehr gut.	○	○	○
3 Ich finde, dass es schon genug Kochsendungen im Fernsehen gibt.	○	○	○
4 Die neue Koch-Show ist wahrscheinlich sehr interessant für mich.	○	○	○
5 Ich koche die Gerichte oft nach.	○	○	○
6 Ich bin Vegetarier und esse überhaupt kein Fleisch.	○	○	○

TRAINING: SCHREIBEN

1 Lesen Sie den Forumsbeitrag.
Welche Sätze oder Satzanfänge drücken die Meinung / die Überraschung des Autors aus? Markieren Sie.

	THEMA: Essgewohnheiten der Deutschen
VON: Leon AM: 12. März 34 Beiträge	Hallo Leute, ich habe heute eine Umfrage über die Essgewohnheiten der Deutschen gelesen. Das war total interessant. Viele haben Stress und keine Zeit für ein langes Mittag- oder Abendessen. 43 Prozent essen, wenn sie Zeit haben, und dann muss es meistens schnell gehen. Deshalb wundert es mich nicht, dass 40 Prozent gesagt haben, sie essen zu viel Fast Food. Das ist bei mir leider auch oft so. Nur 39 Prozent der Deutschen achten beim Essen besonders auf den Preis. Das überrascht mich. Ich habe immer gedacht, die meisten Deutschen kaufen vor allem preiswerte Lebensmittel. Was sagt ihr zu diesen Ergebnissen? Seid ihr überrascht? Wie ist es eigentlich in anderen Ländern? Das würde mich total interessieren.

TIPP: Sie möchten z. B. in einem Forum etwas kommentieren. Sammeln Sie vorher typische Sätze.

2 Was meint Nora? Lesen Sie die Notizen und ergänzen Sie den Beitrag.

~~Umfrage: wirklich überrascht~~ – nicht gedacht: so viele Menschen Fast Food essen – andere Erfahrungen gemacht haben: viele Freunde jeden Tag kochen und sehr gesund essen – in Deutschland es viele Bio-Märkte geben – Leute keine Zeit zum Mittagessen haben – Mittagspause hier so kurz – keine Zeit zum Essen haben – in meinem Land Zeit für das Essen wichtig sein

Forumsbeitrag von Nora:
Hallo Leon,
die Umfrage *hat mich wirklich überrascht*. Ich habe nicht gedacht, dass ______________________ . Ich habe andere Erfahrungen gemacht: ______________________ .
In Deutschland ______________________ . Das war mir früher nicht klar. Ich wundere mich nicht, ______________________ . Denn ______________________ . Man ______________________ .
In meinem Land ______________________ .

3 Schreiben Sie eine Antwort auf Leons Beitrag.

Schreiben Sie zu folgenden Punkten:
- Was hat Sie bei den Umfrageergebnissen überrascht? Was war Ihnen klar?
- Was ist in Ihrem Heimatland wie in Deutschland und was ist anders (Zeit für das Essen, Fast Food, Preise von Lebensmitteln)?

TEST

1 Was essen die Deutschen? Ordnen Sie zu.

WÖRTER

Prozent | genug | Hälfte | ~~rund~~ | durchschnittlich

Obst und Gemüse sind gesund. Aber rund (a) 70 Prozent der Deutschen essen nicht __________ (b) Obst und Gemüse. Auch Fisch ist nicht sehr beliebt, __________ (c) essen Männer und Frauen nur 26 Gramm pro Tag. Männer essen viel mehr Fleisch als Frauen. Pro Tag verbrauchen Männer 103 Gramm. Frauen essen mit 53 Gramm nur die __________ (d). Nur 1,6 __________ (e) sind Vegetarier.

_ / 4 PUNKTE

2 Ergänzen Sie die Sätze.

STRUKTUREN

a Ich backe gern, wenn ich Zeit habe. (Zeit haben – ich)

b Wenn mir das Essen im Restaurant nicht schmeckt, __________.
(sich beschweren – ich).

c Meine Tochter wünscht sich immer Pizza, wenn __________.
(Geburtstag haben – sie)

d Ich finde es schlimm, wenn __________.
(zu viel Alkohol trinken – Jugendliche)

e Wenn mein Mann keinen Sport macht, __________.
(schlechte Laune haben – er)

f Ich mag Schweinefleisch nur, wenn __________.
(mager sein – es)

_ / 5 PUNKTE

3 Ordnen Sie zu.

KOMMUNIKATION

bei uns | mir nicht klar | seiner Heimat | ich komisch | ich nicht gedacht | wirklich

- ■ Wie war deine Zeit in Deutschland? Wie war das Essen?
- ● Sehr gut. Dass die Kuchen dort so lecker schmecken, habe __________ (a).
- ■ Oh, __________ (b)?
- ● Es war __________ (c), dass die Deutschen zum Frühstück oft Brot mit Honig oder Marmelade essen.
- ■ Echt? Sie essen keine Spiegeleier mit Bohnen und Schinken wie __________ (d)? Das finde __________ (e)!
- ● Ja, das hat mich auch überrascht. Mein Onkel aus Argentinien hat erzählt, dass die Leute in __________ (f) zum Frühstück nur einen Kaffee trinken.
- ■ Ach komm!

_ / 6 PUNKTE

Wörter		Strukturen		Kommunikation	
🔴	0–2 Punkte	🔴	0–2 Punkte	🔴	0–3 Punkte
🟡	3 Punkte	🟡	3 Punkte	🟡	4 Punkte
🟢	4 Punkte	🟢	4–5 Punkte	🟢	5–6 Punkte

www.hueber.de/menschen-hier

LERNWORTSCHATZ

1 Wie heißen die Wörter in Ihrer Sprache? Übersetzen Sie.

Essen und Getränke

Alkohol der
Gericht das, -e
Getreide das
Huhn das, ⸚er
Hühnerfleisch das
Lebensmittel das, -
Limonade die, -n
Mineralwasser das
Rind das, -er
Rindfleisch das
Schwein das, -e
Schweinefleisch das

braten, hat gebraten

scharf
vegetarisch

Mengen

Hälfte die, -n

doppelt
doppelt so viele
durchschnittlich
genug
häufig
kaum
rund

Weitere wichtige Wörter

Deutsche der/die, -n
ein Deutscher
eine Deutsche
Heimat die
Zeitschrift die, -en

an·sehen, hat angesehen
aus·suchen, hat ausgesucht
holen, hat geholt
überraschen, hat überrascht
verbrauchen, hat verbraucht
vorbereiten (sich), hat (sich) vorbereitet
wundern (sich), hat (sich) gewundert

preiswert
wahrscheinlich

Komisch!

wenn – dann

TIPP Erklären Sie Wörter.

LIMONADE — Das ist ein Getränk ohne Alkohol. Es hat viel Zucker.

2 Welche Wörter möchten Sie noch lernen? Notieren Sie.

IM ALLTAG *Über interkulturelle Erfahrungen sprechen*

1 Sehen Sie die Bilder an. Was meinen Sie: Was ist das Problem?

(zu) spät sein | nicht mehr essen können | warten | die Gäste nicht beachten | kein Trinkgeld geben | böse/ärgerlich sein | die Rechnung bringen | getrennt bezahlen | …

A

B

C

D

Ich glaube, das Paar auf Bild B hat keinen Tisch reserviert. …

▶ 1 46–49

2 Welches Bild aus 1 passt? Hören Sie und ordnen Sie zu.

Text	1	2	3	4
Bild				

▶ 1 46–49

3 Was ist richtig? Hören Sie noch einmal und kreuzen Sie an.

a Der Mann hat kein Trinkgeld gegeben, weil man das in seiner Heimat nicht macht. ○
b Die Leute haben lange an der Tür gewartet, weil es im Restaurant keinen Platz gegeben hat. ○
c Die Frau war überrascht, dass die Kollegen die Rechnung zusammen bezahlt haben. ○
d Die Leute haben nach 22 Uhr kein Essen mehr bekommen. ○

4 Welche Erfahrungen haben Sie in Restaurants gemacht?
Was ist in Ihrer Heimat anders? Erzählen Sie.

Bei uns zieht man sich schick an, wenn man in ein Restaurant geht. Wenn ich hier mit Kollegen essen gehe, bin ich immer die Einzige mit einem schönen Kleid. Das überrascht mich immer wieder.

IN DER FAMILIE *Gesunde Ernährung für Schulkinder*

1 Überfliegen Sie den Brief. Warum schreibt die Lehrerin den Eltern?

a Sie möchte die Eltern ○ zum Elternabend ○ zu einem Frühstück in der Schule einladen.

b Sie bittet die Eltern, dass sie ○ mit den Kindern zusammen kochen. ○ den Kindern ein gesundes Frühstück mitgeben.

Liebe Eltern,

wie Sie wissen, beginnt heute unsere Projektwoche „Gesunde Ernährung". In dieser Woche beschäftigt sich die Klasse mit Lebensmitteln und Ernährung. Wir gehen zusammen auf den Markt, kaufen ein und kochen in der Schulküche gemeinsam ein leckeres und gesundes Mittagessen.
Am Freitag, den 24.4., möchten wir ab 8 Uhr zusammen mit Ihnen in unserem Klassenzimmer frühstücken. Ich würde mich freuen, wenn Sie kommen. Bitte bringen Sie auch etwas zum Essen oder Trinken mit. Und nun habe ich noch eine Bitte:
Leider bringen viele Kinder Chips, Kuchen und Süßigkeiten mit in die Schule. So ein Pausenbrot ist sehr ungesund, denn es enthält zu viel Fett und Zucker und zu wenig wichtige Nährstoffe. Außerdem macht es nicht lange satt. Bitte geben Sie Ihrem Kind lieber dunkles Brot, Obst, Nüsse oder einen Joghurt mit.
Auch Cola und Limonade enthalten sehr viel Zucker und sind nicht wirklich gut gegen Durst. Bitte geben Sie Ihrem Kind Saft, Saftschorle oder Mineralwasser mit.
Denken Sie daran: Für Kinder ist es besonders wichtig, dass sie sich gesund ernähren. Und mit einem gesunden Pausenbrot helfen Sie ihnen, dass sie im Unterricht gut mitarbeiten können.

Mit freundlichen Grüßen

Judith Klemke

Klassenlehrerin

2 Lesen Sie noch einmal und kreuzen Sie an.

		richtig	falsch
a	In dieser Woche lernen die Kinder etwas zum Thema „Gesund essen und trinken".	○	○
b	Kinder, Lehrer und Eltern wollen zusammen frühstücken.	○	○
c	Die Eltern sollen Kuchen mitbringen.	○	○
d	Von Süßigkeiten, Cola und Limonade bekommt man schnell wieder Hunger und Durst.	○	○
e	Ein gesundes Pausenbrot hilft den Kindern beim Lernen.	○	○

3 Überlegen Sie zu zweit: Was können Sie zum gemeinsamen Frühstück mitbringen?
Machen Sie Notizen und erzählen Sie.

– Obstsalat
– Quark

Wir nehmen einen Obstsalat mit und Quark …

WORTSCHATZ

enthalten, es enthält, hat enthalten
Cola enthält viel Zucker.
sich ernähren, hat sich ernährt
sich gesund ernähren
Nährstoff der, -e
Gemüse enthält viele Nährstoffe.

IM BERUF Bestellungen annehmen und aufgeben

▶1 50 **1 Hören Sie das Gespräch und ergänzen Sie den Bestellschein.**

	Stück	groß	klein	Bemerkungen
Margherita				
Salami				
Marina				
Hawaii				
Speziale				ohne Knoblauch
Vegetariana				

Name: Schuster
Straße: Hochstr. Nr. ___
Stockwerk: ___

▶1 51 **2 Hören Sie das Gespräch und ordnen Sie zu.**

30 Dosen Thunfisch | 40 Dosen | Tomaten | am Dienstag | große | 50 kleine Packungen | 25 Packungen | Pizzakäse

■ GastroFix, Wilke, guten Tag.
▲ Guten Tag, hier Pizza-Service ProntoPronto, Leonardo am Apparat. Herr Wilke, wir hatten vor drei Tagen ______________ (a) bestellt. Sie sind leider noch nicht angekommen. Was meinen Sie: Bis wann bekommen wir die?
■ Hm, ich sehe mal nach. Moment. Die Lieferung ist ______________ (b) rausgegangen.
▲ Ah, gut. Kann ich dann gleich noch ______________ (c) und ______________ (d) bestellen? Wir brauchen ______________ (e) Tomaten und ______________ (f) Pizzakäse, die großen, bitte.
■ Es tut mir leid, aber ______________ (g) Packungen haben wir nicht mehr. Wollen Sie dann ______________ (h)?
▲ Ja, okay. Das geht auch.
■ Brauchen Sie sonst noch etwas?
▲ Nein danke, das ist alles für heute.
■ Gut, dann vielen Dank für Ihre Bestellung. Auf Wiederhören.
▲ Auf Wiederhören.

3 Rollenspiel: Bestellen Sie. Tauschen Sie auch die Rollen.

Mitarbeiter/-in Restaurant
30 Flaschen Olivenöl bestellt: noch nicht angekommen. Wann hier? Sie bestellen auch: 20 große Tüten Pommes frites, 5 Kilo Schafskäse.

Mitarbeiter/-in Lieferfirma
Olivenöl: gestern rausgegangen.
Pommes frites: nur kleine Tüten: 40?

WIEDERHOLUNGSSTATION: WORTSCHATZ

1 Ordnen Sie zu.

~~Getreide~~ | Obst | Nudeln | Fisch | Tee | Limonade | Wein | Tasse | Fleisch | Kanne | Teller

Getränke	Lebensmittel	Geschirr
	Getreide,	

2 Ordnen Sie zu.

Prozent | häufiger | doppelt | Hälfte | rund | ~~durchschnittlich~~

Alles über Schokolade

Macht Schokolade glücklich? Oder macht sie dick? Zum Thema Schokolade gibt es viele Umfragen und auch viele unterschiedliche Ergebnisse. Sicher aber sind diese Zahlen:

Wussten Sie, dass …

- jeder Deutsche durchschnittlich (a) mehr als 11 Kilo Schokolade pro Jahr isst? Das ist __________ (b) so viel wie vor 45 Jahren.
- Vollmilchschokolade __________ (c) 30 Prozent Fett und 56 __________ (d) Zucker hat?
- man in Deutschland an Ostern die meiste Schokolade kauft?
- knapp die __________ (e) der Jugendlichen (48%) fast täglich Schokolade isst?
- Frauen __________ (f) als Männer Schokolade, aber auch mehr Obst und Gemüse essen?

3 Ordnen Sie zu.

bedanken | Arbeit | gratulieren | Mitarbeiter | Erfolg | Jubiläum | wünschen | ~~Betrieb~~

Liebe Frau Neumayer,

am 1. Juli sind Sie genau 20 Jahre in unserem Betrieb (a) tätig, länger als alle anderen __________ (b). Wir __________ (c) Ihnen ganz herzlich zu diesem __________ (d) und __________ (e) uns für Ihre gute __________ (f).

Wir hoffen, dass Sie auch in den nächsten Jahren bei uns bleiben und __________ (g) Ihnen weiterhin viel __________ (h), Gesundheit und Glück.

Ihr J. Ahlers

WIEDERHOLUNGSSTATION: GRAMMATIK

1 Essen Sie vegetarisch oder lieber Fleisch? Schreiben Sie *dass*-Sätze.

a Fleisch ist gesund und schmeckt gut.
Ich finde, dass Fleisch gesund ist und gut schmeckt.

b Für unser Essen müssen Tiere sterben.
Ich finde es schrecklich, dass ______.

c So viele Leute essen kein Fleisch mehr.
Es wundert mich, dass ______.

d Vegetarische Lebensmittel sind gesünder.
Ich glaube, dass ______.

2 Ergänzen Sie, wo nötig, das Reflexivpronomen *sich*.

Tipps für die Kommunikation im Beruf — Beruf | Kommunikation | Tipps

- Bereiten Sie sich (a) auf wichtige Gespräche gut vor.
- Ein guter Chef sollte ______ (b) auch mal bei seinen Mitarbeitern bedanken.
- Sie können ______ (c) Ihre Kollegen besser kennenlernen, wenn Sie ______ (d) in der Kaffeepause mit ihnen unterhalten.
- Reden Sie ______ (e) nie schlecht über einen Kollegen.
- Wenn Kunden ______ (f) beschweren, sollten Sie ______ (g) nicht ärgern, sondern ______ (h) höflich reagieren.

3 Der erste Arbeitstag. Ordnen Sie zu und schreiben Sie Sätze mit *wenn*.

Alina arbeitet den ersten Tag als Kellnerin. Ihre Chefin erklärt ihr alles.
Was soll Alina machen?

a Gäste bestellen viel. — Empfehlen Sie das Gemüsegericht.
b Das Besteck ist nicht ganz sauber. — Schreiben Sie das bitte immer auf.
c Ein Gast möchte vegetarisch essen. — Sie sollten sich natürlich immer bedanken.
d Gäste reservieren einen Tisch. — Sie dürfen es den Gästen auf keinen Fall geben.
e Sie bekommen Trinkgeld. — Schreiben Sie es auf Ihren Notizblock.

a Wenn die Gäste viel bestellen, schreiben Sie es auf Ihren Notizblock.

4 Ergänzen Sie *wenn*, *dass*, *weil*, *denn* oder *deshalb*.

Hallo Lola,
weißt Du eigentlich schon, dass (a) ich als Kellnerin in dem kleinen vegetarischen Lokal arbeite? Die Kollegen und die Chefin sind total nett, ______ (b) arbeite ich dort wirklich gern. Außerdem verdiene ich ganz gut, ______ (c) die Gäste meistens viel Trinkgeld geben. ______ (d) Du magst, kannst Du ja auch mal zum Essen kommen. Am besten kommst Du in der Mittagspause, ______ (e) mittags gibt es immer preiswerte Gerichte. Bis dann.
Jule

TRAINING: AUSSPRACHE

b-d-g und *p-t-k* – Lektion **10**

▶1 52 **1 Hören Sie und sprechen Sie nach.**

a Besteck – bunt – bitte Pizza – Pommes – Paprika
b doch – danke – Dose Tasse – Teller – Thunfisch
c Geschirr – Glas – Gabel Kanne – Kaffee – Kellner

▶1 53 **2 Was fehlt? Ergänzen Sie und lesen Sie die Sätze laut.**
Hören Sie dann und vergleichen Sie.

a ___itte ___esteck! ___anke!
b ___och ___eine ___ommes, lieber ___izza.
c Eine ___ose ___hunfisch, bitte.
d Eine ___asse ___ee oder lieber eine ___anne ___affee?
e ___unte ___läser, ___roße ___eller – mein ___eschirr!
f ___itte ___eine ___artoffeln, lieber ___üree.

Satzmelodie vor Nebensätzen – Lektion **11**

▶1 54 **1 Hören Sie. Achten Sie auf die Satzmelodie: → ↘.**

a Es ist Wahnsinn →, dass wir so viele Dinge wegwerfen. ↘
b Ich denke →, dass die Geschäftsidee gut ist. ↘
c Ich kaufe immer Briefumschläge aus Altpapier →, weil ich die besonders schön finde. ↘

▶1 55 Hören Sie noch einmal und sprechen Sie nach.

▶1 56 **2 Hören Sie und ergänzen Sie die Satzmelodie: → oder ↘.**

a Ich bin glücklich ___, dass unsere Produkte den Kunden gefallen. ___
b Meine Mitarbeiter arbeiten gern hier ___, weil die Arbeit so interessant ist. ___
c Ich finde es schlimm ___, dass wir so viel wegwerfen. ___

▶1 57 Hören Sie noch einmal und sprechen Sie nach.

TRAINING: AUSSPRACHE

Unbetontes „e“ im Präfix Ge-, ge- – Lektion 12

▶ 1 58 **1 Hören Sie und markieren Sie den Wortakzent.**

Gericht – Getreide – Gemüse – Geschmack – genug – gesund – gekocht

▶ 1 59 **2 Hören Sie und sprechen Sie nach.**

Gemüse gekauft.
Getreide auch!
Gemüsegericht gekocht.
Gemüse und Getreide gegessen.
Gemüse und Getreide sind gesund.
Doch jetzt ist es genug!

SELBSTEINSCHÄTZUNG *Das kann ich!*

Ich kann jetzt ...

... im Restaurant bestellen: L10 ○ ○ ○

- ● Was kann ich Ihnen ____________________?
- ▼ Ich ____________ gern ____________ ____________, aber nicht ____________________________, sondern ____________________.

... im Restaurant reklamieren: L10 ○ ○ ○

- ▲ Verzeihen ____________, der Salat ist nicht ____________________.
- ■ Oh! Das ________________________ leid.
- ▲ Das Messer ist nicht ____________________.  Könnte ____?

... im Restaurant bezahlen: L10 ○ ○ ○

- ■ ____________________, bitte.
- ▲ Das ____________________ 27,60. ■ 30 Euro. ____________________ so.

... etwas bewerten: L11 ○ ○ ○

Wir werfen so viel weg. Das ist schrecklich.
= Ich ____.
Dort bekommen viele Jugendliche einen guten Job. Das gefällt mir besonders gut.
= Besonders ____.

... gratulieren: L11 ○ ○ ○

H____________ G____________________ / A____________ G____________ zum Jubiläum!

SELBSTEINSCHÄTZUNG *Das kann ich!*

... mich bedanken: L11

Vielen Dank für die gute Zusammenarbeit!

= Wir ______________________. (danken, du)

= Ich ______________________. (sich bedanken)

... Überraschung ausdrücken: L12

■ Es ü__________ __________, __________ die Deutschen so wenig Fisch essen.

▲ Ja. K__________! Das w__________ __________ auch.

... Vergleiche mit dem Heimatland ausdrücken: L12

■ Am häufigsten essen die Deutschen Brot und Getreideprodukte.

▲ In meiner Heimat essen ______________________.

● Bei uns essen ______________________.

Ich kenne ...

... 10 Dinge auf dem Tisch im Restaurant: L10

____

... 8 Gebrauchsgegenstände: L11

____

... 10 Lebensmittel: L12

____

Ich kann auch ...

... Bewertungen und Gedanken ausdrücken (Satzverbindung: *dass*): L10/L11

Sie haben Pommes. Das ist schön.:

Schön, dass ______________________.

Es gibt keine Pizza. Das ist schade.:

Schade, ______________________.

... Verben verwenden, die auf das Subjekt verweisen (reflexive Verben): L11

Es geht mir gut. = ______________________. (sich fühlen)

Er ist froh. = ______________________. (sich freuen)

... Zusammenhänge ausdrücken (Satzverbindung: *wenn*): L12

Es muss schnell gehen. Es gibt auch mal eine Pizza.

Es gibt ______________________.

Üben/Wiederholen möchte ich noch:

____

GRAMMATIKÜBERSICHT

Artikelwörter und Pronomen

Possessivartikel unser/euer/ihr/Ihr L01					
	wir	ihr	sie (Plural)	Sie (Singular/ Plural)	
•	unser	euer	ihr	Ihr	Opa
•	unser	euer	ihr	Ihr	Baby
•	unsere	eure	ihre	Ihre	Tante
•	unsere	eure	ihre	Ihre	Neffen

Possessivartikel im Nominativ, Akkusativ und Dativ L01						
	Nominativ Das ist/sind …		Akkusativ Siehst du …?		Dativ mit …	
•	mein	Opa	mein**en**	Opa	mein**em**	Opa
•	mein	Baby	mein	Baby	mein**em**	Baby
•	meine	Tante	meine	Tante	mein**er**	Tante
•	meine	Neffen	meine	Neffen	mein**en**	Neffen
auch so: dein-, sein-, ihr-, unser-, eu(e)r-, ihr-, Ihr-						

Verben

Vorschläge und Ratschläge: Konjunktiv II von können, *sollen* L07		
	können	**sollen**
ich	könnte	sollte
du	könntest	solltest
er/es/sie	könnte	sollte
wir	könnten	sollten
ihr	könntet	solltet
sie/Sie	könnten	sollten

reflexive Verben L11	
Aber ich fühle mich trotzdem prima.	
ich fühle	mich
du fühlst	dich
er/es/sie fühlt	sich
wir fühlen	uns
ihr fühlt	euch
sie/Sie fühlen	sich
auch so: sich ärgern, sich erinnern, sich freuen, sich entschuldigen, sich unterhalten, sich treffen, sich streiten, sich beschweren …	

Präpositionen

Wechselpräpositionen mit Akkusativ und Dativ L02				
	Wohin stellen/legen/hängen ...? **Akkusativ** 		**Wo steht/liegt/hängt ...?** **Dativ** 	
	definiter Artikel	indefiniter Artikel	definiter Artikel	indefiniter Artikel
●	auf den Tisch	auf einen Tisch	auf dem Tisch	auf einem Tisch
●	auf das Regal	auf ein Regal	auf dem Regal	auf einem Regal
●	vor die Wand	vor eine Wand	vor der Wand	vor einer Wand
●	zwischen die Türen	zwischen zwei / – Türen	zwischen den Türen	zwischen zwei / – Türen

auch so bei: an, neben, hinter, über, unter, in

! in dem = im
an dem = am

temporale Präpositionen von ... an, von ... bis, seit + Dativ L06	
Ab wann? O—X—▸X	**Wie lange?** X———▸X
von morgen an	vom 8. bis zum 10. Juli
vom 1. Januar an	seit 1985

	Wie lange?	X———▸X
●	seit	einem Monat
●		einem Jahr
●		einer Stunde
●		zwei Jahren

temporale Präposition über + Akkusativ L06		
	Wie lange?	(–)
●	über	einen Monat
●		ein Jahr
●		eine Stunde
●		30 Jahre

temporale Präpositionen zwischen + Dativ L07
Wann?
zwischen 7.00 und 7.15 Uhr

GRAMMATIKÜBERSICHT

Konjunktionen

Konjunktionen: Gründe ausdrücken L08			
Hauptsatz + Nebensatz: weil			
Folge	**Grund**		
Er will mir nur nichts sagen,	weil	meine Krankheit so schlimm	ist.
Du hast Probleme,	weil	du so viel auf deinen Körper	hörst.

Hauptsatz + Hauptsatz: deshalb L08		
Grund	**Folge**	
Meine Krankheit ist so schlimm.	Deshalb	will er mir nichts sagen.
Du hörst so viel auf deinen Körper.	Deshalb	hast du Probleme.

Konjunktion: dass L10			
Ich hoffe,	dass	sie Pommes	haben.

auch so:
Gut/Schön/Schade/..., dass ...
Kann es sein, dass ...?
Ich weiß/finde/denke/glaube/hoffe/..., dass ...

Konjunktion: wenn L12	
Nebensatz	**Hauptsatz**
Wenn es warm ist,	(dann) essen wir meist Salat.
Wenn es schnell gehen muss,	(dann) gibt es auch mal eine Pizza.
Hauptsatz	**Nebensatz**
Wir essen meist Salat,	wenn es warm ist.
Es gibt auch mal eine Pizza,	wenn es schnell gehen muss.

Adjektive

Adjektivdeklination: indefiniter Artikel L04						
	Nominativ Das ist/sind …		**Akkusativ** Ich hätte gern …		**Dativ** mit …	
•	ein magerer	Schinken	einen mageren	Schinken	einem mageren	Schinken
•	ein helles	Brot	ein helles	Brot	einem hellen	Brot
•	eine grüne	Paprika	eine grüne	Paprika	einer grünen	Paprika
•	– helle	Brötchen	– helle	Brötchen	– hellen	Brötchen
auch so: kein- / mein- …, aber: ! Plural: keine/meine hellen Brötchen						

Adjektivdeklination: definiter Artikel L05						
	Nominativ Mir gefällt/gefallen …		**Akkusativ** Ich finde … am besten.		**Dativ** mit …	
•	der berühmte	Dom	den alten	Dom	dem netten	Reiseführer
•	das bunte	Fenster	das bunte	Fenster	dem bunten	Fenster
•	die neue	Kamera	die neue	Kamera	der neuen	Kamera
•	die netten	Leute	die netten	Leute	den netten	Leuten

Adjektivdeklination nach Nullartikel L09						
	Nominativ		**Akkusativ**		**Dativ**	
•	guter	Lohn	guten	Lohn	gutem	Lohn
•	großes	Lager	großes	Lager	großem	Lager
•	flexible	Arbeitszeit	flexible	Arbeitszeit	flexibler	Arbeitszeit
•	kleine	Büros	kleine	Büros	kleinen	Büros

Adverbien

temporale Adverbien L07
abends = jeden Abend
auch so: nachts, morgens … / montags, dienstags …

Wortbildung

Verbstamm + -er → Nomen L03		
wander-n + -er	→	der Wanderer
auch so: vermieten, mieten, fahren, surfen …		

Verbstamm + -ung → Nomen L03		
erfahr-en + -ung	→	die Erfahrung
auch so: ordnen, erholen, entspannen, anstrengen, ausrüsten, übernachten, wandern, anmelden, beraten …		

LÖSUNGSSCHLÜSSEL TESTS

Lektion 1

1 b Neffe **c** Onkel **d** Schwiegermutter

2 b erzählt **c** gestritten **d** gezeichnet **e** gespielt

3 b gefeiert **c** gegessen **d** gelacht **e** telefoniert **f** hatte **g** verstanden **h** hatte

4 b Unsere **c** ihre **d** Ihre

5 a Habe ich **b** Also passt **c** Sie war **d** Ich hatte **e** Dann habe **f** Und wisst **g** Später bin

Lektion 2

1 b Kissen **c** Spiegel **d** Souvenir **e** Vorhang **f** Herd **g** Regal **h** Werkzeug

2 b stellt, den **c** steht, dem **d** liegen, dem **e** stellt, ins

3 a eine Lampe auf den Tisch **b** helle Kissen auf das Sofa **c** einen Spiegel an die Wand **d** viele Bücher **e** der Raum zu unordentlich **f** einen Teppich

Lektion 3

1 b Tiere **c** Pflanzen **d** Gruppe **e** wandern **f** aktiv **g** beraten

2 b Wanderung **c** Anmeldung **d** Vermieter **e** Erholung

3 a überhaupt nicht **b** am liebsten **c** finde die Idee **d** würde gern **e** nehme ich lieber **f** gefällt mir am besten

Lektion 4

1 b Dose **c** Kilo **d** Pfund **e** Packung **f** Knoblauch **g** Liter **h** Birnen **i** Bananen **j** Quark **k** Orangensaft

2 b helles **c** rohen **d** fettarme **e** weiche **f** milden **g** leckeren **h** frischen

3 a Was darf es sein **b** Ich hätte gern **c** Möchten Sie lieber **d** Wie viel darf es sein **e** Möchten Sie sonst noch **f** Das ist alles

Lektion 5

1 b Ferien **c** Touristen **d** Stadtrundgang **e** Reiseführerin **f** Sehenswürdigkeiten **g** Geld **h** Postkarte

2 b bunten **c** rote **d** modernen **e** wunderbaren **f** alte **g** grünen **h** jungen **i** beliebten

3 a danach **b** Können, auch **c** gefällt, sicher **d** gute Idee **e** wirklich beeindruckend **f** Einverstanden **g** wird bestimmt

Lektion 6

1 b Kunst **c** Veranstaltungen **d** Diskussionen **e** Künstler **f** Eintrittskarte **g** Ermäßigung

2 b seit Mittwoch **c** von Januar an **d** von Dienstag bis Sonntag **e** seit Februar 1989 **f** Von Januar an

3 a vielleicht mitkommen **b** nicht so gut **c** etwas vorschlagen **d** eine gute Idee **e** hältst du davon **f** treffen wir uns **g** das passt

Lektion 7

1 b hebe **c** abnehmen **d** wiege **e** empfehlen **f** öffnen **g** teilnehmen

2 b Von … an **c** Von … bis **d** zwischen **e** seit

3 b sollten **c** sollte **d** könnte **e** solltest **f** könntet

4 a möchte gern **b** würden Sie uns **c** wie wäre **d** könnte er **e** Sie könnten

Lektion 8

1 a Krankenwagen; Notaufnahme; Notfall **b** Verband; Sprechstunde **c** Verletzung

2 b er zu schnell gefahren ist **c** ich Kopfschmerzen habe **d** sie keine Zahnschmerzen mehr hat

3 b Herr Bosch ist zu schnell gefahren. Deshalb hatte er einen Unfall. **c** Ich habe Kopfschmerzen. Deshalb kaufe ich Tabletten in der Apotheke. **d** Lina hat keine Zahnschmerzen mehr. Deshalb ist sie glücklich.

4 a los **b** Hoffentlich **c** leid **d** Angst **e** Ordnung

Lektion 9

1 **b** Export, Lager **c** Angestellter, Arbeitszeit **d** Lohn **e** Prozent **f** Betrieb, Erfolg

2 **a** **2** langer **3** internationalen **b** **4** Großes **5** freundlichem **6** interessante **c** **7** helle **8** schönem **d** **9** kleinem **10** netten **11** schönen **e** **12** Alte **13** kaputte **f** **14** Tolles **15** guter

3 **a** möchte so gern **b** ist dir das wichtig **c** wäre das wichtiger **d** ist eine gute Idee **e** das machen wir

Lektion 10

1 **a** Löffel **b** Kanne **c** Öl, Pfeffer **d** Zucker **e** Rechnung, getrennt

2 **b** die Suppe kalt ist **c** es einen Obstsalat gibt **d** sie Apfelkuchen haben

3 **b** Ich hoffe, dass die Kinder bald ihr Essen bekommen. **c** Ich glaube, dass das Lokal montags geschlossen hat. **d** Schade, dass ich keine Milchprodukte essen darf. **e** Schön, dass unser Chef die Rechnung bezahlt hat.

4 **a** **1** Ich möchte bitte **2** Was kann ich Ihnen **3** Ich hätte **b** **4** Verzeihen Sie **5** Das tut mir **6** Ich gebe es

Lektion 11

1 **b** Mitarbeiterinnen **c** Rucksäcke **d** Schmuck **e** Briefpapier **f** Meinung **g** Artikel

2 **b** Erinnerst du dich an den letzten Urlaub **c** Meine Kinder streiten sich schon wieder **d** Tobias ärgert sich sehr **e** Wie fühlen Sie sich

3 **a** herzlichen Glückwunsch **b** finde es schön **c** freue ich mich auch **d** für die gute Zusammenarbeit **e** wünschen Ihnen für die Zukunft **f** viel Erfolg

Lektion 12

1 **b** genug **c** durchschnittlich **d** Hälfte **e** Prozent

2 **b** beschwere ich mich **c** sie Geburtstag hat **d** Jugendliche zu viel Alkohol trinken **e** hat er schlechte Laune **f** es mager ist

3 **a** ich nicht gedacht **b** wirklich **c** mir nicht klar **d** bei uns **e** ich komisch **f** seiner Heimat

QUELLENVERZEICHNIS

Cover: © plainpicture/Fancy Images
Seite 18: © PantherMedia/Andreas Weber
Seite 19: von oben: © fotolia/Günter Menzl; © fotolia/Andrea Seemann
Seite 20: © fotolia/robepco
Seite 23: Wald, Pflanze, Vogel, Frosch, Meer, Landschaft, Hügel © Thinkstock/iStockphoto; Wiese © Thinkstock/Comstock; Dorf © iStockphoto/Sergge; Katze © Thinkstock/Ingram Publishing; Hund © Thinkstock/zoonar; Strand © Thinkstock/Ablestock.com; See, Berg © Thinkstock/Stockbyte; Fluss © fotolia/Undine Aust; Ufer © PantherMedia/Brigitte Götz
Seite 24: © Thinkstock/iStockphoto
Seite 26: Hotel © fotolia/JiSIGN; Frau © Thinkstock/iStockphoto
Seite 30: © fotolia/Jonny
Seite 32: Birne © Thinkstock/iStockphoto; Marmelade © Thinkstock/Stockbyte; Cola © Thinkstock/Hemera; Banane © Thinkstock/iStockphoto
Seite 37: Thunfisch, Salami, Pfirsich, Eistee, Paprika, Knoblauch, Banane, Birne, Bohnen, Mehl, Bonbon © Thinkstock/iStockphoto; Saft, Marmelade © Thinkstock/Stockbyte; Quark © iStockphoto/katyspichal; Cola © Thinkstock/Hemera
Seite 41: Ü1: A © PantherMedia/Birgit M.; B © Manja Wolf/www/wolffilm.de; C © Thinkstock/iStockphoto; D © fotolia/York; Ü2 © Thinkstock/Creatas
Seite 44: © ddp images/dapd
Seite 49: Notizzettel © Thinkstock/iStockphoto/scol22
Seite 50: © i+d Verkehrsplanungs- und Design GmbH
Seite 51: © Thinkstock/iStockphoto
Seite 52: Klein Arno © fotolia/akf
Seite 53: Marmelade © Thinkstock/Stockbyte; Paprika © Thinkstock/iStockphoto
Seite 63: Basketball © Thinkstock/Comstock/Jupiterimages; Volleyball, Fitnesstraining, Badminton, Eishockey © Thinkstock/Hemera; Handball © PantherMedia/Carme Balcells; Gewichtheben, Tischtennis, Aqua-Fitness, Rudern © Thinkstock/iStockphoto; Judo © PantherMedia/auremar; Yoga © Thinkstock/Stockbyte/George Doyle; Golf © Thinkstock/Stockbyte; Gymnastik © PantherMedia/vgstudio; Walken © PantherMedia/Bernd Leitner
Seite 73: © Thinkstock/Fuse
Seite 76: © fotolia/Meddy Popcorn
Seite 82: Tischtennis © Thinkstock/iStockphoto; Badminton © Thinkstock/Hemera
Seite 89: Geschirr, Tasse, Besteck, Gabel, Löffel, Messer © Thinkstock/Hemera; Glas, Kanne, Salz, Pfeffer, Servietten © Thinkstock/iStockphoto; Teller © Thinkstock/Stockbyte; Essig, Öl © PantherMedia/claire norman; Zucker © fotolia/PRILL Mediendesign
Seite 93: © Thinkstock/Photodisc
Seite 95: Briefumschlag © Thinkstock/iStockphoto; Briefpapier © Thinkstock/iStockphoto; Postkarte © Thinkstock/Hemera; Motiv Postkarte © iStockphoto/lorenzo104; Notizblock © PantherMedia/wu kailiang; Geschenkpapier © Hueber Verlag/Kiermeir; Geldbörse © GEPA - The Fair Trade Company; Aktentasche, Handtasche © Christiane Frank, 98631 Römhild / OT Milz - www.nadelspitzen.de; Rucksack © www.pigschick.de
Seite 96: Getreide, Limonade © Thinkstock/iStockphoto; Fisch © fotolia/Olga Patrina; Mineralwasser © Thinkstock/Zoonar; Brot © iStockphoto/SednevaAnna; Tee © fotolia/gtranquillity; Statistik mit Zahlen von Statista – http://de.statista.com/statistik/daten/studie/200166/umfrage/beliebteste-freizeitaktivitaeten-der-deutschen
Seite 98: © fotolia/Henry Schmitt
Seite 99: Statistik mit Zahlen von der Nestlé Studie 2011 - http://www.nestle.de/Unternehmen/Nestle-Studie/Nestle-Studie-2011/Pages/default.aspx
Seite 101: Obst © fotolia/Andrey Armyagov; Gemüse, Getreide, Limonade © Thinkstock/iStockphoto; Wurst © PantherMedia/Birgit Reitz-Hofmann; Fleisch © fotolia/Jacek Chabraszewski; Fisch © fotolia/Olga Patrina; Mineralwasser ©Thinkstock/Zoonar
Seite 106: © Thinkstock/Creatas
Seite 105: Schokolade © PantherMedia/Ron Sumners; Statistik mit Zahlen von Statista – de.statista.com und dem Statistischen Bundesamt – www.destatis.de

Alle Wörterbuchauszüge aus: Hueber Wörterbuch Deutsch als Fremdsprache
Zeichnungen: Michael Mantel, Barum
Alle übrigen Fotos: Florian Bachmeier, Schliersee
Bildredaktion: Iciar Caso, Hueber Verlag, München